Biblioteca de Derecho Público

Tommaso Edoardo Frosini
(Director)

Carlos Antonio Agurto Gonzáles
Sonia Lidia Quequejana Mamani
Benigno Choque Cuenca
(Coordinadores Generales)

Martin Bullinger
Profesor Emérito de la Universidad Albert Ludwig de Freiburg
(Alemania)

Derecho Público y Derecho Privado

Edición al cuidado de
Carlos Antonio Agurto Gonzáles
Sonia Lidia Quequejana Mamani
Benigno Choque Cuenca

Ediciones Olejnik

Título: Derecho Público y Derecho Privado.

Traducción de Antonio Esteban Drake.

Edición: 2019

Ediciones Olejnik
Huérfanos 611, Santiago-Chile
E-mail: contacto@edicionesolejnik.com
Web site: http://www.edicionesolejnik.com

ISBN: 978-956-392-549-4

Diseño de carátula: Ena Zuñiga

Diagramación: Hayden Méndez, yiset_mendez@hotmail.com

Impreso en Argentina 2019 Printed in Argentina

Índice

Capítulo III

Sentido y funciones de la distinción en el ordenamiento jurídico del presente

Nota preliminar

La tesis central de este libro —actual necesidad de un Derecho común que cancele la dicotomía jurídica de lo público y lo privado— comienza a tomar cuerpo en la obra *Vertrag und Verwaltungsakt,* que BULLINGER publica en 1962; el autor afirmaba ya entonces: «si es que hoy en día puede tener un sentido distinguir dentro de la Administración pública una peculiar Administración de autoridad sometida a un *Derecho especial* (Derecho público), ese sentido habrá de cristalizar en un pensamiento que sustituya la perspectiva de la prestación y contraprestación comerciales por la categoría de la decisión unilateral orientada a la concreción del ordenamiento jurídico»; *especialidad* del Derecho público que se manifiesta por referencia, precisamente, al ámbito del «antiguo e indiferenciado *Derecho común»,* que, con su principio de libertad contractual, habría de limitar su aplicación a la Administración pública no autoritaria. Ahora bien, lo interesante aquí de esta obra, por las hipótesis de investigación que con ella se abren a BULLINGER, no es que este concluya que la forma contractual resulta inapropiada e ilegítima como instrumento jurídico de la Administración autoritaria —afirmación que en un escrito posterior de BULLINGER, el tercero de los que ahora comento, pierde su carácter de principio general para convertirse en simple criterio de interpretación—, ni tampoco que reafirme la vigencia del Derecho civil (de la contratación aquí) respecto de la *erwerbswirtschaftlich fiskalische Verwaltung,* sino que, al caracterizar ese Derecho civil como tradicional Derecho común, cuestione radicalmente la idea de la real operatividad —ni siquiera existencia— histórico-jurídica de la ficción del «Fisco» como persona privada. BULLINGER demuestra, en efecto, que el antiguo Derecho común de las «Justizsachen» no acaba, sino que coexiste, como tal, con las «Polizeisachen» del absolutismo y del posterior Estado de Derecho germánico, que este no trae consigo en este punto la aniquilación radical de la tradición anterior al acabamiento del Imperio en 1806. Lo cual le lleva a la conclusión de que, siendo históricamente inexacta la afirmación de OTTO MAYER de haber sido desde entonces y antes el Derecho público el único Derecho de la Administración pública, no fue precisa a los juristas alemanes de finales del XVIII y comienzos del XIX la «ficción admirable» de ningún «Fisco» que fuese capaz —tan solo ella— de garantizar la posición jurídica del súbdito frente al poder público: bastaba para ello por entonces el viejo Derecho privado común de las «Justizsachen», y únicamente la obra de autores como OTTO MAYER, y en general de la jurisprudencia de conceptos, es la que, con una impronta paradójicamente formal y privatista, se «inventa» para el mundo de la Administración (aquí sí que el término «ficción» sería apropiado) tanto la tópica significación del «Fisco» como una vigencia omnicomprensiva del Derecho público, que luego extenderá la doctrina alemana a la Administración prestadora de servicios; extensión que contradice el trabajo que el lector tiene en sus manos.

Una segunda aportación doctrinal de BULLINGER parece decisiva en orden al método que en este *Öffentliches Recht und Privatrecht* cristaliza: en su ponencia *Staatsaufsicht in der Wirtschaft,* presentada al Congreso de Profesores de Derecho público celebrado en Saarbrücken en 1963, avanza de nuevo una reivindicación historiográfica, la de autores como GIERKE y LORENZ VON STEIN, cuya obra posibilita ahora la detectación de una Inspección superior del Estado básicamente uniforme y única respecto tanto de agrupaciones privadas como de corporaciones públicas inferiores; unicidad que, hecha factible en virtud de un principio germánico de autoadministración predicable comúnmente de unas y otras, no solo permite a BULLINGER indiciar ya la idea de la operatividad histórico-doctrinal de un determinado régimen jurídico de las organizaciones sociales intermedias, *común* a las «públicas» y a las «privadas», sino que constituye también la ocasión para que nuestro autor destaque el contraste entre la «inspección» económica de la Administración alemana, restringida a la estricta garantía de la legalidad del actuar empresarial, y un «control» también de oportunidad que abre a la Administración francesa perspectivas de intervención en la gestión de la empresa privada comparables a las que conforman la «tutela» central sobre las corporaciones públicas territoriales.

El examen de la funcionalidad del contrato respecto de los servicios de interés público (la «Leistungsverwaltung») lleva a BULLINGER, en fin, a cuestionar ya en general la dicotomía «Derecho público-Derecho privado». Su artículo, *Zur Notwendigkeit funktionalen Umdenkens des öffentlichen und privaten Vertragsrechts im leistungsintensiven Gemeinwesen,* aparece en el *Gedächtnisschrift Hans Peters,* de 1967, y postula la necesidad de regular urgentemente ámbitos objetivos de la administración de prestaciones, transportes o suministro de energía, por ejemplo, prescindiendo de la perspectiva dualista de lo jurídico. La problemática del capítulo tercero de este *öffentliches Recht und Privatrecht* se esbozaba ya en aquellas notas relativas al «Proyecto de Ley de procedimiento administrativo» alemán de 1963.

Una aclaración, en fin, sobre esta traducción. BULLINGER emplea el término «Staatsrecht» para referirse a su uso doctrinal en los más diversos contextos históricos. He optado entonces —nuestro «Derecho público» equivale en esta obra a «öffentliches Recht»— por traducirlo al castellano bajo la expresión «Derecho político», por parecerme que queda así reflejado precisamente «un concepto con docenas de puertas laterales y traseras,... un vehículo de equívocos sin límite» (Werner Kägi). El grado de normatividad de aquel «Staatsrecht» no ha sido el mismo a lo largo de la Historia, como de la lectura de este mismo libro de BULLINGER podrá deducirse, con lo que asignarle aquí las notas de racionalidad y calculabilidad inherentes al término «Derecho constitucional» (el «Derecho administrativo» es en BULLINGER el ya clásico «Verwaltungsrecht») hubiera resultado improcedente. El lector podrá consultar, sobre tales cuestiones terminológicas, el estudio de Gallego Anabitarte, *Constitución y Política,* del que tomo la cita de KÄGI.

ANTONIO ESTEBAN DRAKE

Advertencia preliminar

El estudio que ahora presento al lector tiene su origen en la lección magistral que pronuncié el 13 de enero de 1966 en la Facultad de Derecho y Ciencias Políticas de la Universidad Albert Ludwig de Freiburg im Breisgau.

He efectuado ciertas precisiones y adjuntado la documentación que acompaña al texto. Pero he conservado el estilo expositivo de la conferencia. Lo cual debe aclarar también que la tradicional y muy discutida partición dualista del Derecho no se estudia aquí con pretensiones de exhaustividad, sino que tan solo se examina a grandes rasgos su condicionamiento histórico y se revisa y cuestiona básicamente su sentido y funcionalidad respecto del ordenamiento jurídico de la hora presente. Se esbozan, pero no se perfilan con completitud, las posibilidades y ventajas de una comprensión escasamente esquemática y un mucho funcional de lo jurídico. Mucho de lo que ahora solo se indica habrá de madurar en la mente del autor y deberá profundizarse en parciales investigaciones posteriores.

Tengo que agradecer su estímulo y sus críticas a algunos miembros y asistentes de la Facultad de Freiburg, en particular a mis colegas académicos más cercanos. A su estímulo y aliento se debe muy en primer lugar el que pudiese superar dudas y dificultades para dar término al presente estudio. De inestimable valor para su progreso fueron también las sesiones del grupo de trabajo «Doctrina jurídica y política del siglo XIX», de la Fundación Thyssen, cuyas ponencias y comunicaciones sobre la reacción de la jurisprudencia ante la revolución industrial es lástima que no hayan sido publicadas. Los participantes de diversos seminarios me acompañaron en la tarea de revisar la consistencia de mis ideas y su utilidad en orden a resolver cuestiones jurídicas concretas. Pero debo estar agradecido, sobre todo, a mis colaboradores doctores Winfried Brohm, Roland Frömel y Rainer Bechtold, Rose Schwake y Joachin V. Bargen, que me han ayudado infatigablemente.

Freiburg im Breisgau, julio de 1967

Martin Bullinger

CAPÍTULO PRIMERO

LA PROBLEMÁTICA

Desde que el Derecho público se profesa como tal en las Universidades, es decir, desde comienzos del siglo XVII[1], han procurado en diversas ocasiones sus teóricos, de ordinario en conferencias académicas, ponerlo en relación con la vecina y más antigua ciencia del Derecho privado. Cuando ULRICH OBRECHT se ve promovido en 1682 al grado de profesor ordinario de Instituciones y *Ius Publicum* en la Facultad de Derecho de la Universidad de Estrasburgo, dedica su discurso de ingreso en aquélla al problema de la conexión entre *Ius Privatum* y *Ius Publicum*[2]. Ejemplos más recientes son la disertación inaugural del año 1906, sostenida en Tubinga por FRITZ FLEINER[3], y la lección de apertura de curso del año 1927, pronunciada en Marburgo por GUSTAV ADOLF WALZ[4]. Y puesto que FRITZ v. HIPPEL ha expuesto hace poco tiempo, en el Congreso de Profesores Alemanes de Derecho Civil, ideas tan dignas de tenerse en cuenta sobre la construcción y el cambio de sentido del Derecho privado, con referencias también al Derecho público[5], me será quizá permitido aprovechar de nuevo la oportunidad de una exposición académica[6] para, desde la perspectiva esta vez del profesor de Derecho público, cuestionar su relación con el Derecho privado.

La cuestión a que se hace referencia podría formularse en el sentido de una búsqueda de los criterios conforme a los cuales puedan distinguirse entre sí el Derecho público y el Derecho privado. Al respecto se han apuntado varias características diferenciadoras y numerosas teorías[7]. Derecho público

---

1 Confr. al respecto STINTZING-LANDSBERG, *Geschichte der Deutschen Rechtswissenschaft,* Erste Abtheilung (en adelante: I), München und Leipzig, 1880, pp. 663 y ss.

2 *De connexione iuris privati et publici,* conferencia inaugural sostenida el 23-IV-1682; impresa en ULRICH OBRECHT, *Academica in unum volumen collecta,* Argentorati (Estrasburgo), 1704, Oratio IV, pp. 515 y ss.

3 *Über die Umbildung zivilrechtlicher Institute durch das öffentliche Recht,* Tübingen, 1906.

4 *Von Wesen des öffentlichen Rechts,* Stuttgart, 1928.

5 Zum *Aufbau und Sinnwandel unseres Privatrechts,* Tübingen, 1957.

6 El presente estudio constituye la versión ampliada de la conferencia inaugural pronunciada por el autor, el 13 de enero de 1966, en la Facultad de Derecho y Ciencias Políticas de la Albrt-Ludwigs-Universität Freiburg/Br.

7 Confr., por ejemplo, los estudios de conjunto de HOLLIGER, *Kriterien des Gegensatzs zwischen privatum und öffentlichen Recht,* Diss. Zürich, 1904; MOLITOR, *Über öffentliches Recht und Privatrecht,* Karlsruhe, 1949, pp. 25 y siguientes. Gustav BOEHMEB, *Grundlagen*

y Derecho privado se presuponen, la mayoría de las veces, como productos de significación acabada, que se excluyen recíprocamente para constituir dos ramas separadas del Derecho, cualquiera que sea, por lo demás, la frontera concreta que entre ellas se crea detectar. Pero el problema de la relación entre Derecho público y Derecho privado puede también afrontarse con la finalidad de una reflexión sobre el sentido de su dualidad misma. Porque la división dual del Derecho no tiene un sentido evidente. Debe ser ocasionalmente cuestionada, como cualquier otra concepción jurídica tradicional, a la luz de su condicionamiento histórico, para poner en duda su validez actual[8]. Cuanto más metódicamente se plantea una duda semejante, tanto más necesario se hace el investigar desde sus mismos basamentos el sentido y la función de una idea jurídica que cuenta con raíces no despreciables. En el fondo de una duda radical podría situarse, más sencillamente incluso, la pregunta de cuál sea la necesidad o aspiración objetiva de un ordenamiento jurídico hoy ya distinto que pueda satisfacer la idea jurídica en cuestión para considerar después, con el respeto debido a la tradición jurídica y al valor propio de esta, si aquella concepción ha de ser abandonada poco a poco, dada su objetiva carencia de funcionalidad, o si, al haber variado su función objetiva, ha de ser transformada ella misma.

Una primera ojeada al Derecho vigente muestra que la diferenciación dualista «Derecho público-Derecho privado» cumple determinadas funciones. Porque de la atribución al Derecho público o al Derecho privado dependen consecuencias jurídicas importantes. Así, los asuntos del Derecho civil se hallan sujetos a la legislación concurrente de la Federación[9]. Los litigios de Derecho civil corresponden a los Tribunales ordinarios[10], mientras que los litigios de Derecho público, salvo los de Derecho constitucional, desembocan en la vía judicial de los Tribunales administrativos generales o especiales[11]. La planificación elaborada conforme a la Ley de autopistas federales se aplica a las relaciones jurídico-públicas, que no a las de Derecho privado, entre el titular de la obra de construcción correspondiente y el afectado por el plan de que se trate[12], y las leyes de funcionarios distinguen la relación de servicio y fidelidad jurídico-pública de las relaciones de servicio jurídico-privadas[13]. En estas y parecidas determinaciones se pone de relieve claramente que el ordenamiento jurídico asigna a la diferencia entre el Derecho público y el Derecho privado funciones ciertas de calificación y delimitación, que impiden que la obligada duda metódica respecto a la diferenciación de que estamos hablando

---

der bürgerlichen Rechtsordnung, Erstes Buch, Tübingen, 1950, p. 164; Hans J. WOLFF, *Verwaltungsrecht* I, 6.ª ed., München und Berlin, 1965, § 22, II.

8 Una necesidad conveniente argumentada por Friedrich Carl v. *Savigny: System des heutigen Römischen Rechts,* Bd. 1, Berlin, 1840, Vorrede, página XI.

9 Art. 74, Cif. 1 de la *Grundgesetz.*

10 § 13 de la *Gerichtsverfassungsgesetz.*

11 Confr. § 40 del *Verwaltungsgerichtsordnung,* § 34 del *Finanzgerichtsordung,* § 52 de la *Sozialgerichtsgesetz.*

12 § 17 de la *Bundesfernstrassengesetz,* en su redacción de 6 de agosto de 1961 (BGB1 I, p. 1742).

13 Así, por ejemplo, § 2, ap. 1 de la *Beamtenrechtsrahmengesetz,* en su redacción de 22 de octubre de 1965 (BGBl I, p. 1754).

pueda desembocar en la negación pura y simple de la división aludida, en cuanto posiblemente errónea desde el prisma de consideraciones de alcance teórico y general.

Por otra parte, sin embargo, los síntomas de funcionalidad que el Derecho vigente puede proporcionamos no bastan para excluir cualquier duda respecto a la tradicional idea de que el Derecho se reparte entre las dos esferas de lo público y lo privado. Habría que preguntarse, por una parte, si realmente se hace siempre alusión a un mismo y único tema cuando en leyes, sentencias judiciales y exposiciones científicas se enfrenta el Derecho privado al Derecho público, o si, al procederse a ello en contextos diferentes y desde distintos niveles considerativos, no se produce más bien una acumulación de sentidos diversos entre sí. La expresión «Derecho privado», en su relación con la de «Derecho público», podría quizá significar cosas diferentes según que, por ejemplo, fuese objeto de consideración desde la perspectiva del Derecho internacional privado[14], se hiciese referencia a ella para justificar la competencia legislativa de la Federación o la judicial de los tribunales ordinarios, se la entendiese como nomenclatura de un orden de libertad en el sentido, por ejemplo, de la *Sociedad del Derecho privado,* de FRANZ BÖHM[15], fuese contrapuesta, en cuanto indicativa de una zona de lo privado, a la designación de un ámbito de lo público, o viniese finalmente a ser considerada como titulación del objeto de una disciplina académica. En lugar, por lo tanto, del usual esquema dualista, es posible que debiesen hacer su aparición en escena matizadas diferenciaciones, objetivas y funcionales esta vez, cuya reducción a la unidad resultaría, al menos, tan ilícita como la que pudiesen sufrir los conceptos de «público» y «privado» en sus diferentes contextos jurídicos.

Con ello vendría a relativizarse el *statu quo* del Derecho vigente y de la ciencia jurídica actual, sin que lo mismo significase una total revisión de su sentido posible. Lo cual debe llevarnos también a cuestionar si la tradicional división dual del Derecho en público y privado, cualquiera que sea el contexto o el sentido que la legislación y la ciencia le atribuyan, corresponde a los datos objetivos del ordenamiento y resulta útil para el conocimiento de lo jurídico, o si aquella división dual implica únicamente el puro desenvolvimiento de un juego conceptual que habría consiguientemente que superar cautelosamente o adecuar, al menos, a una situación distinta de aquella que le dio su origen.

Los problemas así apuntados pueden formularse más fácilmente si, en lugar de partirse del Derecho actual del ámbito jurídico del estudioso, se elige un punto de referencia conceptual, cuya distancia geográfica o histórica respecto de la normativa familiar a uno ofrezca la posibilidad de una mayor ingenuidad en el análisis. Porque la rígida división dual del Derecho en públi-

---

14 Determinadas normas del Derecho internacional privado alemán, como, por ejemplo, el artículo 7 de la Ley introductoria del Código Civil, remiten necesariamente a preceptos jurídicos considerados como de Derecho público (p. ej., el Derecho de nacionalidad), de tal manera que Derecho privado, en el sentido del § 13 de la *Gerichtsverfassungsgesetz,* apenas significan lo mismo.

15 Cfr., por ejemplo, al respecto, *Der Rechtsstaat und der soziale Wohlfahrtsstaat,* en Reden und Schriften, edit. por; E. J. MESTMÄCKER, Karlsruhe, 1960, pp. 82 y ss., en especial pp. 102 y ss., *Demokratie und ökonomische Macht,* en *Kartelle und Monopole im modernen Recht.* Bd. I, Karlsruhe 1961, páginas 14 y ss.

co y privado se halla demasiado enraizada a no pocos prejuicios jurídico-políticos, como para que un planteamiento de la cuestión que parta de la pura inmanencia jurídica del Derecho positivo tenga posibilidades de estimular la formulación mínimamente general o común de unas mismas cuestiones. Las dudas suscitadas por la división dualista del Derecho, que han aumentado notablemente tanto en el ámbito jurídico alemán[16], como por ejemplo en el francés[17], sobre todo a la luz de la interdependencia de relaciones públicas y privadas en una comunidad actual que intensifica sus reglas y prestaciones, esas dudas no han logrado cristalizar, por lo general, en principios constructivos de una nueva comprensión de lo jurídico, con lo que dejan intacta aquella división dual, absolutamente por lo que al Derecho vigente se refiere y en parte también por lo que hace al pensamiento jurídico[18]. La actitud de negación de la división dual, que HANS KELSEN adopta desde hace tiempo, se refiere

16 ESSER, *Einführung in die Grundbegriffe des Rechtes und Staates,* Wien, 1949, pp. 193 y ss.; del mismo, art. *Privatrecht,* in HdWbSozWiss Bd. 8, Stuttgart-Tübingen-Göttingen, 1964, p. 541, en especial pp. 546 y ss.; SIEBERT, en *Festschrift für Niedermeyer,* Göttingen, 1953, p. 541, en especial p. 246; BIENDENKOPF, *Grenzen der Tarifautonomie,* Karlsruhe, 1964, p. 32 con nota 51; VAN DER VEN, en *Feftschrift für Nipperdey,* Bd. II. München-Berlin, 1965, pp. 681 y ss. (689 ss.); BAUER JZ, 1963, pp. 41 y ss. ZWEIGERT, en *Fünfzig Jahre Institut für Internationales Recht an der Universität Kiel,* Hamburg, 1965, pp. 124 y ss.; Hans HUBER, *Berner Kommentar zum Schweizer. ZGB,* Bd. I/1, Bern, 1962, art. 6 Rdnr. 132 y ss.; MELICHAR, JBl, 1948, pp. 525 y ss., 550 y ss, 581 y ss.; Sten GAGNER, *Deutsche Landerreferate zum VII. Internationalen Kongress für Rechtsvergleichung in Uppsala,* 1966, Berlin-Tübingen, 1967, pp. 23 y ss. Confr. también RAISER, en *Verhandlungen des 46. Deutschen Juristentages* (Essen, 1966), Bd. II, München und Berlín, 1967, B 5 y ss.

17 Confr. BRÈTHE DE LA GRESSAYE, *Droit administratif et droit privé,* en «Le *droit privé français au milieu du XX siècle», Etudes offertes à Georges Ripert,* Paris, 1950, pp. 304 y ss.; EISSENMANN, *Droit public. Droit privé,* Revue du Droit Public, 1952, pp. 903 y ss.; ROUSSET, *L'idée de puissance publique en droit administratif,* Paris, 1960, en especial pp. 103 y ss., 165 y ss., 219 y ss.; respecto a la catalogación del derecho laboral, CHARLIER, *La puissance publique et son Droit face à la question sociale,* en «*L'évolution du droit public», Etudes offertes à Achille Mestre,* Paris, 1956, pp. 73 y ss.

18 En este sentido, claramente, por ejemplo Hans HUBER, op. cit., p. 151 (significado, todavía, de la distinción entre Derecho público y Derecho privado). También en su conferencia ante la Sociedad Jurídica de Berlín, sobre el significado jurídico-constitucional de la libertad contractual (Berlín, 1966), ha rechazado Hans HUBER los intentos por encuadrar las premisas de su pensamiento jurídico en el marco de la división dual, sobre todo cuando construye, lejos de todo convencionalismo, no pocas relaciones entre Derecho constitucional y Derecho civil (confr. pp. 1 y ss.), aunque al hacerlo caiga en la tentación de entender el Derecho privado como ámbito jurídico autónomo digno de conservarse como tal (confr. p. 24). Nuevos pasos en dirección a la superación de la concepción dual, que redundan en beneficio de la consecución de un depósito de institutos y regias jurídicas comunes, pueden encontrarse en BAUR, op. *cit.,* a pesar de que también este autor se resista a abandonar la división dualista. La crítica formulada por GAGNER a esta última, desde la perspectiva de la historia de las ideas, tiende ciertamente a la disolución pragmática de la diferenciación entre Derecho público y privado en una problemática particularizada, pero aporta soluciones únicamente relativas a la cuestión de la vida judicial, y aun esto solo incidentalmente (confr. op. *cit.,* pp. 24 y ss.). Un estudio de más detenida referencia a problemas concretos, pensados sobre todo desde el Derecho austríaco, lo constituye el intento de MELICHAR, op. *cit.,* por lograr aún la comprensión de la división dualista como basada en la división de competencias establecida por el Derecho positivo.

únicamente a la absolutización de la contraposición del Derecho público al Derecho privado, en el sentido de una contradicción esencial entre Poder y Derecho, pero no se dirige, no categóricamente en cualquier caso, contra una diferenciación del Derecho público y del Derecho privado en cuanto *ámbitos jurídicos* a los que el Derecho positivo configura de manera diferente[19]. Exposiciones detalladas más recientes de la cuestión buscan demostrar, con ayuda de consideraciones dignas de atención, el sentido o la practicabilidad en el ordenamiento jurídico actual de la división dual[20]. El peso de una opinión jurídica tan enraizada como esta, a la que tan solo alcanza la crítica más prudente, habría de gravitar sobre el intento de trasladar sin mediación alguna al Derecho vigente las dudas que la metodología impone. Por ello debe escogerse en la investigación un punto de partida que permita un cierto distanciamiento respecto al ordenamiento en vigor hoy en día en el ámbito cultural del autor, sin que ello suponga perder de vista la finalidad concreta de un planteamiento del sentido actual de la cuestión.

Como instrumentos que hayan de facilitar el distanciamiento del observador respecto de las estructuras mentales actuantes con normalidad en su propio ambiente jurídico, se ofrecen, por una parte, la comparación jurídica, que podría efectuarse fructíferamente y, sobre todo, con los Derechos inglés y americano y, por otra parte, la Historia del Derecho. Aquí se elegirá este segundo camino, que permite observar con claridad el condicionamiento temporal de las instituciones y conceptos jurídicos.

---

19 En este sentido, más claramente en la *Allgemeine Rechtslehre,* segunda edición (Wien, 1960, pp. 284 y ss.) que, por ejemplo, en la *Allgemeine Staatslehre* (Berlin, 1925, pp. 80 y ss.); apenas puede hablarse al respecto de una nueva orientación de la doctrina de KELSEN, como opina Ernst WOLFF (en *Festschrift für Molitor,* München und Berlin, 1962, p. 1, nota 1), y ello porque ya la primera edición de la *Reine Rechtslehre,* de 1934, contiene literalmente la misma idea. KELSEN se aproxima así a la opinión doctrinal que entiende la diferencia entre Derecho público y privado no como contraposición valorativa (así, por ejemplo, RADBRUCH, *Rechtsphilosophie,* 4.ª edición, Stuttgart, 1950, editado por Erik WOLFF, pp. 224 y ss.), sino, únicamente, como atribuible al Derecho positivo (así, ya Erich KAUFMAM, art. *Verwaltung, Verwaltungsrecht,* en: STENGEL-FLEISCHMANN, *Wörterbuch des Deutschen Staats- und Verwaltungsrechts,* 3 Bd, 2.ª ed. Tübingen, 1914, pp. 688 y ss., cit. por la impresión en: *Gesammelte Schriften,* Bd, 1, Göttingen, 1960, pp. 75 y ss., en especial pp. 107 y ss.; de entre la literatura reciente, por ejemplo, ENNECCERUS-NIPPERDEY, *Allgemeiner Teil des Bürg. Rechts,* 15 ed., Tübingen, 1959, 34, p. 224).

20 En esta dirección, entre otros, HALLSTEIN, SJZ, pp. 1 y ss. MOLITOR, op. *cit.*, en especial pp. 23 y ss.; 48 y ss.; Gustav BOEHMER, *Grundlagen der bürgerlichen Rechtsordnung,* Erster Buch, pp. 5 y ss.; Fritz v. HIPPEL, *op. cit.*, Ernst WOLFF, *op. cit.*, pp. 1 y ss.; SCHMIDT-RIMPLER, art. *Wirtschaftsrecht* in HdWbSozWiss, Bd 12, Stuttgart-Tübingen-Götingen, 1965, pp. 688 y ss. (páginas 694 y ss.); Hans J. WOLFF, AöR Bd. 76 (1950-51), pp. 205 y ss.; GYGI, *Verwaltungsrecht und Privatrecht,* Bern, 1956; Werner WEBER, art. *Öffentliches Recht,* en: HdWbSozWiss Bd. 8, pp. 40 y ss. (en especial pp. 44 y ss.); Herbert KRÜGER, *Allgemeine Staatslehre,* 2.ª ed., Stuttgart, 1966, pp. 139 y ss. (confr., sin embargo, pp. 503 y ss., donde se admite una tercera esfera jurídica, un Derecho social, para las normas jurídicas sociales, por ejemplo, las convenciones tarifarias); KÖTTGEN, en *Festgabe für Smend,* Tübingen, 1962, pp. 119 y ss. (pp. 144 y ss.); HESSE, VVDStRL Heft 17 (1959), pp. 11 y siguientes (pp. 40 y ss.). Anteriores investigaciones del autor, en especial *Vertrag und Verwaltungsakt,* Stuttgart, 1962, se basan en una global diferenciación interna entre Derecho público y privado.

Capítulo II

Sentido y funciones de la distinción a la luz del cambio histórico

I. Carencia de funcionalidad de la distinción en el Derecho romano

Tan pronto como se abandona el problema del sí y el cómo de la distinción conceptual entre el Derecho público y el Derecho privado para cuestionar el sentido y significado funcional de dicha partición dualista, resulta insatisfactoria la tan extendida idea del origen de aquélla en el Derecho romano. Pues, en efecto, la diferenciación entre *ius publicum* y *ius privatum* se reconduce[1] la mayoría de las veces a la famosa definición de Ulpiano[2]. Son muchas, sin embargo, las circunstancias que parecen indicar que, al procederse así, se viene a aludir a un sistema conceptual, que en Ulpiano está pensado como una más entre las diversas divisiones académicas posibles del Derecho y que ni en dicho autor, ni por lo demás en el Derecho romano en general, asume el significado de una partición dual exhaustiva de la globalidad jurídica.

Una posible función de la diferenciación entre el Derecho público y el Derecho privado, la articulación de un complicado material jurídico en zonas parciales más fácilmente abarcables, apenas podría constatarse quizá en el Derecho romano, porque, de acuerdo con las fuentes correspondientes, resulta que el *ius publicum* tan pronto era entendido como la totalidad del Derecho establecido estatalmente, independientemente de su contenido, como pensado en el sentido de Derecho referido al Estado, a la *res publica* (derecho público)[3]; mientras subsistiese tan fundamental diferencia de significados, la división no podía resultar apropiada como base del sistema jurídico. Resulta

---

1 D 1, 1, 2 (D 1, 1, 1: *Ulpianus libro primo institutionum. Iuri operam daturum prius nosse oportet, unde nomen iuris descendat, est autem a iustitia appellatum: nam, ut eleganter celsus definit, ius est ars boni et aequi...) Huius studii duae sunt positiones, publicum et privatum. Publicum ius est quod ad statum rei romanae spectat, privatum quod ad singulorum utilitatem: sunt enim quaedam publice utilia, quaedam privatim, publicum ius in sacris, in sacerdotibus, in magistratibus consistit privatum ius tripertitum est: collectum etenim est ex naturalibus praeceptis aut gentium aut civilibus.* De modo parecido INST. 1, 1, 4. Respecto de la disputa sobre la autenticidad del pasaje de Ulpiano, cuestión en la que no entra la presente investigación, comp. Molitor, *op. cit.*, p. 8, nota 2; Kaser, «*Jus Publicum*»-«*Jus Privatum*», en *Studia et Documenta Historia et Juris,* Bd. XVII (1951), pp. 267 y ss. (pp. 268 y ss.), ambos con más documentación.

2 Comp., por ejemplo, Walz, *Vom Wesen des öffentlichen Rechts,* p. 10 y ss., y 18 y ss.; Molitor, *op. cit.*, pp. 8 y ss.; Gustav Boehmer, *Einführung in das bürgerliche Recht.*, 2 edic. Tübingen, 1965, pp. 8 y ss.; Hans J. Wolf, Verwaltungsrecht I, § 22, II.

3 Al respecto, Kaser, *op. cit.;* Ehrlich, *Beiträge zur Theorie der Rechtsquellen,* Erster Theil, Berlin, 1902, pp. 159 y ss., y 168 y ss.

claro que los juristas romanos no se esforzaron por lograr ni una clarificación conceptual ni una exposición del Derecho sobre la base de la división dualista; un proceder analítico y sistemático semejante forzosamente había de resultar ajeno a su casuística metodología jurídica[4].

Pero ello no excluye aún necesariamente otra posible función de la diferenciación entre *ius publicum* y *ius privatum;* la función, concretamente, que pudiese resultar de la exposición de la esencial diferencia entre las relaciones jurídicas de la vida privada y de la vida pública en la comunidad y de su sometimiento a reglas jurídicas fundamentalmente diversas; y ello porque una valoración de este tipo hubiese podido efectuarse, bajo determinadas circunstancias, caso por caso y sin la ayuda de un sistema conceptual ordenador establecido de antemano. Pero tampoco esta posibilidad cuenta con puntos de apoyo suficientes. Llama la atención, por el contrario, la naturalidad con que determinados preceptos o reglas jurídicas vienen a ser considerados por algunos juristas romanos como aplicables a cualquiera y a cualquier actividad, al *paterfamilias* y al titular de un cargo público, a la actuación en la esfera de la vida privada y a la actividad pública orgánica; así, por ejemplo, en el caso de las camas que se exponían a la venta en un camino público y que el edil, en el curso de su inspección de la vialidad, ordena destruir: JULIANO[5] aclara, casi de pasada y como dándolo por supuesto, que en el caso de que el edil no hubiese actuado conforme a Derecho, dispondría el dañado, tanto contra él como contra cualquier otro posible causante del daño, de la *actio legis Aquiliae.* Esta decisión no puede ser totalmente explicada, en el sentido de la doctrina de la división dual, mediante el argumento de que el edil habría sido tratado, al exceder las competencias de su cargo, como cualquier privado y sometido así al ordenamiento («jurídico-privado») de la indemnización de daños. Porque el pasaje de JULIANO, a mi entender, va más allá; pone en claro que la *res publica,* con su cada vez más desarrollada organización de cargos oficiales, no quedaba incardinada en un círculo jurídico totalmente cerrado en sí mismo, sino que en determinados contextos, como aquí el del derecho cuasi-delictual, se veía sujeta al Ordenamiento jurídico general, vigente para cualquiera. Esto es lo que indican también otros textos de las fuentes. Al proceder la autoridad de una ciudad, en el ejercicio del poder de su cargo, a la confiscación, en calidad de garantía, de un cierto ganado, había de observar las mismas obligaciones de diligencia que incumbían al acreedor pignoraticio privado; es decir, que el embargo asegurativo por vía de autoridad y la pignoración privada conducían a un *status* obligacional en el poseedor prendario de contenido sustancialmente igual en ambos casos[6]. Las cosas públicas, caminos, plazas y cursos de agua, por ejemplo, no estaban, en fin, completamente sustraídas al Derecho y al tráfico jurídico general, sino que podían ser gravadas con servidumbres constituidas en favor de determinados ciudadanos, con un derecho

4 KASER, op. *cit.*, pp. 278 y 279.

5 D 18, 6, 14 (en conexión con 13).

6 Comp. D 9, 2, 29, 7; *actio legis Aquiliae,* para el caso en que la ciudad deja perecer de hambre al ganado.

de tránsito o de toma de agua, por ejemplo, siempre que ello no perjudicase a la afectación pública en cuestión[7].

En este marco encuentra todo su sentido el que la tardía evolución romana hacia un derecho consuetudinario[8] llegase a consolidar no solamente pretensiones hereditarias y otras posiciones de la esfera jurídica privada, sino también, con toda evidencia, situaciones jurídicas de los particulares en su relación con la comunidad, en especial la exención de cargas públicas *(muñera)* por vía de privilegio. Diferente de ello resultaba ser la *consuetudo,* que, en tanto que práctica administrativa de carácter local, constituía un criterio decisorio para la actuación de los titulares de cargos públicos, en el sentido de un deber del servicio y no en el de un principio jurídico que pudiesen invocar los destinatarios de la actuación administrativa[9]. La línea divisoria transcurría aquí, por lo tanto, no entre una esfera pública *(ius publicum)* y una esfera privada *(ius privatum),* sino entre las reglas de servicio para los titulares de cargos estatales, por una parte, y las normas jurídicas que configuraban la posición de los particulares tanto en la vida privada como en la vida pública, por otra. Por lo demás, también la posición especial del *populus romanus,* del emperador y del *fiscus,* de la misma manera que las reglas especiales, que en el *Corpus Iuris* justinianeo hacen referencia con el predicado de *publicus* a las cosas públicas y otras instituciones, deberían ser entendidas, no como expresión de una radical idea divisoria[10], sino como resultado de la diferenciación, de referencias simplemente materiales u objetuales, entre aspectos determinados de los asuntos jurídicos individuales y de los asuntos públicos de la *res publica;* una diferenciación, por lo demás, que habría dejado básicamente intacta la unidad del Ordenamiento jurídico[11].

La distinción entre *ius publicum* y *ius privatum* carecía, finalmente y también, de la funcionalidad que hubiera podido atribuirle la determinación de la posibilidad de actuar en la vía judicial. Esta posibilidad, íntimamente vinculada en el sistema romano de acciones con la pretensión jurídica material, no dependía de la subsunción de un caso jurídico bajo el *ius privatum,* sino,

---

7 Comp., por ejemplo, D. 8, 2; 1; D. 8, 3, 17; D. 8, 3, 23, 2.

8 Sobre ellos, SCHMIEDEL, *Consuetudo im klassischen und nachklassischen Römischen Recht,* Graz-Köln, 1966. Para los problemas que aquí se investigan es indiferente hasta qué punto la consuetudos alcanzó ya el rango completo del derecho consuetudinario en sentido moderno.

9 SCHMIEDEL, *op. cit.,* pp. 69 y ss., y 76 y ss., y 84 y ss.

10 En este sentido, sin embargo, p. ej., *Principien des Römischen Rechts,* München und Leipzig, 1934, pp. 18 y ss., que habla del «sorprendente rigor» con que se habían separado los asuntos del *populus Romanus* (Derecho público) de los asuntos del individuo (Derecho privado). Sus ejemplos no indican ciertamente apenas otra cosa que el escaso interés de los juristas por las cambiantes vinculaciones públicas de la vida jurídica y su tendencia a construir institutos y reglas jurídicas metódicamente abstraídos de aquellas vinculaciones.

11 Con ello queda quizá superada la disonancia que KASER (*«Ius Publicum»-«Ius Privatum»,* pp. 278 y ss.) pone al descubierto: la posición especial de la res publica en instituciones, negocios y procedimientos, por una parte, y la unidad del ordenamiento jurídico, por otra; unidad a la que en nada cambiaría, en concepto de KASER, la fórmula de ULPIANO.

en el proceso formulario, de la cuestión de si el pretor otorgaba la fórmula[12], lo cual, como ya queda dicho, ocurría también en los supuestos de ejercicio antijurídico del cargo público por parte de su titular. La jurisdicción extraordinaria de la época imperial se hizo accesible a pretensiones que, en la concepción actual, serían calificadas en parte como jurídico-privadas y en parte como jurídico-públicas, y ello sin que los propios juristas romanos procediesen a una división sistemática semejante[13]. La carencia de significado procesal de la división dual constituye simultáneamente un indicio de su escaso, si no nulo, sentido funcional en el Derecho romano en general.

En conjunto, por lo tanto, la distinción entre *ius publicum* y *ius privatum* apenas si constituyó algo más que una plataforma considerativo-conceptual, y resulta evidente que no llegó a alcanzar ni el rango de una acabada clasificación sistemático-científica del Derecho ni una importancia práctica esencial para la vida jurídica, por mucho que pudiesen diferir, por lo demás, las reglas jurídicas a que se sujetaban los asuntos públicos y los asuntos privados[14].

II. DIFERENCIACIONES PARCIALES, DE REFERENCIA MATERIAL U OBJETUAL, EN LOS SIGLOS XVI Y XVII

Lo anterior puede aclarar el que la fórmula de ULPIANO, aunque ciertamente recibida con el Derecho romano, se viese atribuir por la recepción inicial tan escasa transcendencia; tan escasa, por lo demás, como la que tuvo en el propio Derecho romano[15]. La diferenciación entre *ius publicum* y *ius privatum* solo alcanzaría un mayor significado político, práctico y sistemático-jurídico en los siglos XVI y XVII. El mostrar las fuerzas obrantes de esa evolución implica simultáneamente ahondar en el sentido diferenciado que haya alcanzado hasta ahora la división dual de que hablamos.

1. Ha de señalarse en primer lugar el influjo del gran movimiento intelectual que el humanismo representa. Condujo este a una comprensión crítica de los textos y a una renovada fidelidad hacia el *Corpus Iuris,* pero también

12 Comp. SOHM-MITTEIS-WENGER, *Institutionen des römischen Rechts,* 17 edic. Berlín, 1949, pp. 688 y ss.; SEIDL, *Römische Rechtsgeschichte und römisches Zivilprozessrecht,* Köln y otras, 1962, pp. 87, Rdnr, 191; KASER, *Das römische Zivilprozessrecht,* München, 1966, § 23, pp. 117 y ss.

13 Para más detalles, KASER, *op. cit.,* pp. 117 y ss., acompañada de la indicación de que la distinción entre iudicia pública y privada no se habría efectuado «conforme a la singular y académica división en *ius publicum* y *ius privatum*».

14 Así, en esencia, KASER, «*Jus Publicum*»-«*Jus Privatum*», *op. cit.* Otras exposiciones intentan colocar al Derecho romano y a su evolución, sobre todo, bajo la contraposición entre Derecho público y Derecho privado; así, por ejemplo, VON LÜBTOW, *Das römische Volk und sein Recht,* Frankfurt am Main, 1955, pp. 617 y ss,; del mismo, SavZRomA Bd. 46 (1948), pp. 458 y ss. (pp. 458 y ss.); Gustav BOEHMER, *Grundlagen der bürgerlichen Rechtsordnung,* Erstes Buch, pp. 169 y ss. En estas obras se trata, sin embargo, del intento de interpretar una época jurídica pasada en el lenguaje jurídico del presente y de hacer comprensible con ello cómo pudo ocurrir también esto en el Derecho medieval. Ello no es ilegítimo, pero el procedimiento está expuesto a las objeciones que puedan formularse a la comprensión jurídica de hoy en día, aquí en concreto a la moderna división dualista. Críticamente respecto a tales «proyecciones en el pasado», GAGNER, *op. cit.,* pp. 40 y ss.

15 Comp. EHRLICH, op. *cit.,* pp. 203 y ss.

a una orientación sistematizadora de la jurisprudencia[16]. A este gusto por el sistema no podía bastarle ya la disposición del Digesto, el llamado «orden legal». Como un nuevo principio ordenador se ofrecía la posibilidad de la tradicional clasificación del Derecho propuesta por ULPIANO en *ius publicum* y *ius privatum,* entendida como diferencia entre un derecho predominantemente referido al Estado y otro distinto de referencias básicamente individuales. A este punto de vista ordenador alude precisamente NICOLAUS VIGELIUS[17] cuando en el prefacio a sus *Institutiones Iuris Publici* de 1572, el primer escrito, por cierto, con el título *ius publicum*[18], lo configura como fundamento primero de su división de la materia jurídica en *ius publicum* y *ius privatum:* las leyes de Justiniano serían difícilmente abarcables y precisarían, por ello, de una exposición sistemática y simplificadora. VIGELIUS se limita consecuentemente a extraer del *Corpus Iuris* y a agrupar ordenadoramente todo aquello que considera, conforme a la definición de ULPIANO, como perteneciente al *ius publicum;* sin referencia ninguna, por lo demás, al estado jurídico de la Alemania de su tiempo[19].

Con mucha mayor libertad respecto de las fuentes romanas, pero al mismo nivel de abstracción eidética e indiferencia para con las estructuras del Derecho político de su época, procuraba DONELLUS[20], algunos años después, basar su comentario al *Ius Civile* en la diferenciación sistemática entre *ius publicum* e *ius privatum*[21]. Mientras que su gran contemporáneo francés CUJACIUS se limitaba a interpretar fielmente el pasaje de ULPIANO[22], se apoyaba DONELLUS SOLO en parte en la fórmula de este y desarrollaba por su cuenta los criterios de una

---

16 Al respecto y sobre las diferentes bases y centros de difusión del influjo humanista: WIEACKER, *Privatrechtsgeschichte der Neuzeit,* Göttingen, 1952, en especial pp. 83 y ss.; Erik WOLF, *Grosse Rechtsdenker der deutschen Geistesgeschichte,* 4 edic. Tübingen, 1963, pp. 70 y ss., y 139 y ss., y 177 y ss.; STINTZING-LANDSBERG, op. cit., I, pp. 367 y ss.

17 VIGELIUS, promovido a *Doctor juris* por OLDENDORP y profesor en Marburgo hasta 1954, fue el primer jurista germánico en proponer un sistema jurídico completo; comp. STINTZING-LANDSBERG, *op. cit.,* I, pp. 424 y ss.; Erik WOLF, *op. cit.,* p. 172.

18 En contraposición a su primer y más amplio intento sistemático, el *Methodus iuris civilis* de 1561 construyó VIGELIUS su segunda gran obra, el *Digestorum juris civilis libri quinquaginta* (1568-1571), sobre la base de la diferenciación entre *ius publicum* y *ius privatum.* Sus *Institutiones juris publici* de 1572 (la anterior edición de 1568, citada por STINTZING-LANDSBERG, cit., I, p. 436, no la he podido encontrar) trataban el *ius publicum* en sí mismo, con continuas remisiones a la más detallada exposición en el Digesto.

19 Solo muy ocasionalmente indica VIGELIUS que los pasajes del Digesto por él extractados y recopilados no tendrían ya vigencia alguna en el Derecho político positivo de la Alemania de su época; así anota, por ejemplo (pp. 2 y ss.), que, por entonces, el *Imperator* tendría un derecho de legislación solo con el previo consejo y asentimiento del *sacripalatii et senatus.*

20 Sobre la importancia científica de este gran sistematizador francés, que también ejerció la docencia en Alemania (Heidelberg, Altdorf), comp. STINTZIC-LANDSBERG, *op. cit.,* I, pp. 377 y ss.

21 Tomus primus, 1 edic., 1589; aquí citado conforme a *Opera omnia cum notis Osualdi Hilligeri,* Lucae, 1762. La división dual se trata con detalle en el 2. Buch., caps. V-VII.

22 Comp. *Recitationes solemnes-Ad titulum I Lib. I Digestorum de justitia et jure,* ad § 2, en *Opera in tom. XI distributa,* Mutinae, 1779, Pars posterior, tom. VII. Sobre la en general opinión crítica de CUJACIUS frente al pensamiento sistemático, comp. STINTZING-LANDSBERG, cit., I, pp. 375 y ss.

articulación global del Derecho, que él tenía por necesaria incluso prescindiendo de la tradición romana: al *ius publicum,* entendido en contraposición con el *ius privatum,* pertenecerían todos le fenómenos e instituciones sin los que el Estado no podría subsistir, criterio este que, referido sobre todo a la procreación de los hijos y a los lugares públicos, determinaría la atribución de los mismos al *status rei publicae*[23]. Este esfuerzo de sistematización no se apoyaba, sin embargo, en la idea de la necesaria división de los preceptos, normas e institutos jurídicos en dos ámbitos o esferas absolutamente separadas entre sí. DONELLUS no vacilaba en subsumir un mismo asunto jurídico, por ejemplo los ya mencionados de la procreación de los hijos o los lugares públicos, por una parte, y desde su perspectiva de interés público bajo el *ius publicum,* pero en parte también, quede claro, bajo el *ius privatum,* dada la simultánea coexistencia en el asunto en cuestión de un interés privado[24]; lo cual significa que nuestro autor no llegó a generalizar una tajante separación entre los Derechos público y privado para asignar al uno o al otro un determinado asunto de acuerdo con el eventual predominio en él del interés de uno u otro tipo (público o privado precisamente)[25]. Más significativo, sin embargo, es un segundo punto. DONELLUS consideraba correcto y necesario tratar primeramente el Derecho privado, puesto que el Derecho público evidenciaba multitud de reglas y preceptos en común con aquél; las reglas del Derecho público que excepcionalmente diferían del Derecho privado habrían de exponerse, en cuanto *ius singuiare,* únicamente como apéndice de aquél, siguiendo en ello el uso común de indicar primero la regla y tras ella la excepción[26]. Esto pone de relieve que DONELLUS no entendía el *ius publicum* y el *ius privatum* como dos esferas jurídicas que se excluyesen recíprocamente y se basasen en principios jurídicos estrictamente diferenciados, sino como dos ámbitos objetivos ordenados jurídicamente y caracterizados por su mayor o menor referencia a lo estatal o a lo individual, pero sometidos a reglas jurídicas en lo esencial coincidentes, o, visto de otra forma, como dos ámbitos de lo jurídico que se entrecruzarían en lo sustancial. El tratamiento y estudio de las normas jurídicas comunes al *ius publicum* y al *ius privatum* se asignaba a la ciencia, de este último, que así recibía, en un sentido absolutamente específico, el carácter

---

23 Cit., cap. IV, núms. III, IV, VII; caps. V y VI.

24 Cit., cap. V, núms. IX, XIII. DONELLUS se enfrentaba así a ULPIANO, que con los *sacra sacerdotes y magistratus* solo había incluido, incorrectamente, en el *ius publicum,* aquellos asuntos que servían exclusivamente al provecho del Estado.

25 Solo al tratar del *ius privatum* (cit., cap. VII y núm. II) desarrollaba DONELLUS SU doctrina del peso de los intereses (al Derecho privado pertenecería aquello que se refiere *principaliter* al provecho particular, no solo *oblique et per consequentian),* fundándose para ello en que, de lo contrario, todo el *ius publicum* se vería absorbido por el *ius privatum,* puesto que el bien de la *civitas* comprende en sí también el bien del ciudadano. Ello no debería modificar en nada, sin embargo, a la antes construida doble atribución del mismo instituto jurídico, según sus aspectos, al *ius publicum* y al *ius privatum.*

26 *Op. cit.,* cap. VI, núm. XVI. DONELLUS buscaba también con ello justificar el que el *ius publicum* (entre otras cosas, con las reglas sobre el *fiscus)* sea tratado en el Digesto (libro 49) y en el Codex solamente después del *ius privatum,* a pesar de que la *res publica* sería *praestantior* en comparación con la *res privata.*

de un «Derecho común», de un Derecho normal (subsidiario) aplicable a la totalidad de las relaciones de la vida.

Un sistema jurídico, por consiguiente, que, basado en la diferenciación entre *ius publicum* y *ius privatum,* no desembocaba en una división dual propiamente dicha, sino que acentuaba únicamente *diferencias parciales;* con lo cual, a fin de cuentas, apenas se desviaba de aquella otra tipología sistemática, acabada hasta en sus menores detalles, que ALTHUSIUS empleaba en su *Dicaeologie,* aparecida en 1617[27], es decir, en la obra que ERIK WOLF ha considerado como el primer intento alemán de una «Doctrina general del Derecho»[28]. Aquí, el Ordenamiento, los conceptos y los institutos jurídicos venían primariamente entendidos como una unidad, y solo en un segundo momento de la estructuración propuesta ocupaba su lugar la subdivisión de lo jurídico en «público» y «privado», esto último únicamente en la medida en que parecía necesaria la cristalización de especialidades propias de la vida pública en una comunidad estatal, especialidades de la *res publica.* Construía ALTHUSIUS, por ejemplo, un único Derecho de la Contratación, único tanto en lo relativo a los principios generales de esta como en lo referente a los diversos tipos contractuales[29], pero llamaba después la atención sobre las reglas especiales eventualmente relativas a la *res publica,* sobre, por ejemplo, las prerrogativas del *Fiskus* o los preceptos jurídicos especialmente destinados a los titulares de los cargos públicos dentro del marco de la normativa relativa al mandato *(mandatum),* que también le era aplicable[30]. Cierto es que el tratado de paz era calificado de «público», pero ello solo tenía la finalidad de dar a conocer su significado político para el futuro de la comunidad, sin que el calificativo implicase en ningún caso la extracción de aquel tratado de la esfera de los contratos innominados[31]. De modo parecido hay que entender el que ALTHUSIUS distinguiese entre la *societas publica,* el contrato social público que a ella conducía y la *potestas publica* resultante, por una parte, y la *societas privata,* por otra[32].

27 *Dicaeologicae libri tres, totum et Universum jus, quo utimur, methodice complectentes,* Herborn 1617, Se trataba del texto ampliado de la *Jurisprudentia Romana,* de 1586. Basábase en el método científico del filósofo Petrus RAMUS; comp. al respecto STINTZING-LANDSBERG, op, *cit.,* I, pp. 470 y ss., y 146 y ss.; Erik WOLF, op. *cit.,* pp. 180 y ss., 206 y ss. Un sistema parecido, aunque no tan perfeccionado en lo referente a la diferenciación entre *ius publicum* y *ius privatum,* se encuentra en VULTEJUS, igualmente influenciado por RAMUS, en su *Jurisprudentiae Romanae a Justiniano compositae, libri II,* Marburg, 1590, de la que aquí se utiliza la 2 edic., Marburg, 1594.

28 Op. *cit.* Cierto que la obra adolece, como certeramente resalta Erik WOLF (pp. 207 y ss., y 211 y ss.), de una excesiva equivocidad conceptual y de un igualmente excesivo abandono de la observación de la vida jurídica (para la que tan capacitado estaba ALTHUSIUS) en beneficio del progreso de la lógica constructiva; las dotes de ALTHUSIUS para lo político y lo jurídico-político, sin embargo, logran trascender, si no me equivoco, el esquematismo jurídico que domina la obra.

29 Op. *cit.. Pars quarta, De conventionibus,* tabla de materias.

30 Op, *cit.,* comp. cap. 73, núms. 28, 29; cap. 83, núm. 25.

31 Op. *cit..* cap. 87, núm. 44, en conexión con núm. 32 y ss.

32 Op. *cit.,* cap. 8, 27, 33, 78-81, 87. Comp. al respecto también la anterior obra de Derecho político, la *Política methodice digesta,* 1.ª edic., 1603 (aquí citada conforme a la 3.ª edic. Herborn, 1614, reimpresión Aachen, 1961), caps. II-V.

La comunidad política determinada por el territorio se enfrentaba aquí, con sus estructuras espaciales (provincias, municipios) y en cuanto comunidad de vida total dotada de un poder superior, a comunidades especiales, como la familia, los colegios (de titulares de cargos públicos, de artesanos, etc.), y las corporaciones. Con ello se apuntaba, sin embargo, a diferencias no esenciales, sino de grado[33]. Porque ALTHUSIUS describía la existencia de unas reglas comunes a todas ellas y reconocía incluso a las *societates privatae* el orden interno de las pequeñas comunidades, con normas, cargas y jurisdicción autónomas, de cuya asociación contractual surgía luego el municipio como comunidad política inferior[34]. Con ello cobraba forma una especial imagen del Estado muy propiamente calvinista en sus peculiaridades de detalle, sin que, por lo demás, la idea básica de una diferencia únicamente funcional y gradual entre comunidades públicas y privadas distinguiese a ALTHUSIUS de otros pensadores jurídicos de su tiempo.

No se haría justicia a ALTHUSIUS si se pensase que revestía a las cuestiones jurídico-públicas con el ropaje formal del Derecho privado[35], o si se admitiese que en su sistema cristaliza una idea de la unidad del Derecho específicamente germano-alemana o medieval. Cuando ALTHUSIUS concibe como una unidad al Derecho delictual e incorpora también a este el abuso de poder público[36], ello no expresa sino su filiación a la tradición misma del Derecho romano. En las propias fuentes romanas encuentra también su fundamento la ingenuidad con que ALTHUSIUS emplea el término *publicus* en diferentes contextos con un sentido cada vez diverso, como, por ejemplo, al tratar de las cosas públicas, pasaje en el que incluso nos presenta un catálogo de los posibles significados del vocablo[37].

Consideradas las cosas globalmente, la subdivisión de instituciones jurídicas en «públicas» y «privadas» que ALTHUSIUS lleva a cabo, en efecto, no está pensada por él en el sentido de una aguda contraposición entre dos esferas jurídicas aisladas entre sí, sino en el muy diferente de contextos funcionales

33 En este sentido, por cierto, Erik WOLF, *Grosse Rechtsdenker*, p. 188; del mismo, *Idee und Wirklichkeit des Reiches im deutschen Rechtsdenken des 16 und 17 Jh.*, en *Reich und Recht in der deutschen Philosophie*, hrsg. VON LARENZ, Bd. I, Stuttgart und Berlin, 1943, pp. 33 y ss. (89).

34 Camp., en especial, *Dicaelogicae*, cap. 8, 78 (sobre todo núm. 6, 20); *Politica*, cap. II, núm. 1 a 13. También al respecto Otto V. GIERKE, *Johannes Althusius und die Entwicklung der naturrechtlichen Staatstheorien, 2.ª* edic. Breslau, 1912, pp. 21 y ss.

35 En este sentido, sin embargo, Erik WOLF, *Grosse Rechtsdenker*, paginas 210, 211; más tímidamente GIERKE, op. *cit.*, pp. 45 y ss.

36 *Dicaeologicae*, Pars quinta, cap. 106 y ss., en especial caps. 112, 113; se deja constancia continuamente de particulares reglas especiales aplicables a los titulares de cargos públicos de, por ejemplo, en la *iniuria*, la causa justificatoria del ejercicio del cargo conforme a Derecho (cap. 123, núm. 10 y siguientes).

37 *Dicaeologicae*, cap. 21, en especial núm. 18 y ss.; *Politica*, cap. XVII, núm. 14 y ss. Comp. también la diferenciación de derecho delictual entre la *privata vis* y la *publica vis*, en la que se incluye, junto a la del ejercicio de un cargo público, también el empleo de la fuerza con armas o en lugares públicos por cualquiera *(Dicaeologicae*, cap. 106, núm. 8); además, la diferenciación entre la *prohibitio privata* de una obra de construcción (protesta meramente verbal) y la *prohibitio publica* (por los titulares de cargos públicos o por un privado por medio de una actuación formal), *cit.*, cap. 137, núm. 24 y ss.

diversos dentro de instituciones jurídicas esencialmente unitarias; una subdivisión, en fin, a la que nuestro autor procede conforme a puntos de vista cambiantes y adecuados a cada uno de los problemas que van surgiendo, todo ello, eso sí, con la sustancial atribución de lo público a la *res publica* en cuanto comunidad política organizada. Así, pues, es lícito afirmar que, cualquiera que fuese la configuración de los diferentes sistemas jurídicos de la época, el *ius publicum* y el *ius privatum* de los mismos, lejos de constituir esferas jurídicas cerradas en sí mismas y que se excluyesen mutuamente, se recubrían en un amplio espectro de instituciones y reglas jurídicas comunes, con el carácter de diferenciaciones parciales de referencia objetual.

2. A la tendencia científico-sistemática hacia una articulación del Derecho en *ius publicum* y *ius privatum* vino a unirse la aspiración práctico-política de una mejor formación jurídica, aspiración que ya evidencia Johannes Oldendorp en 1539[38]. Oldendorp, que en los años anteriores había acumulado una rica experiencia en la vida pública como síndico municipal en Rostock y Lübeck, se dolía, esgrimiendo un pasaje de Erasmo, de que los juristas pudieran citar cientos de leyes relativas al tráfico jurídico-privado, sin conocer, sin embargo, nada en absoluto de aquello que afectaba al *status publicus.* Las Universidades habrían de formar gentes que estuviesen en condiciones de gobernar con acierto la comunidad estatal *(res publica),* y deberían reformar por ello la enseñanza del Derecho, de tal forma que las *res civiles tum publicae tum privatae* fueran profesadas por igual con criterios de sencillez y claridad. Lo que aquí se exigía no era tanto la división de la materia jurídica en *ius publicum* y *ius privatum,* a la que Oldendorp tendía incipientemente, en efecto[39], cuanto una mayor referencia del interés científico y de las lecciones jurídicas a las cuestiones de la vida pública. Esto debe ser comprendido, por cierto, desde la luz que pueda arrojar el trasfondo de una más intensa juridización de lo político, en el sentido de que se iba haciendo creciente la reconversión de los problemas del poder y las tensiones políticas en cuestiones de Derecho. Dicha juridización tuvo que ver, entre otras cosas, con la constitución del Tribunal cameral del Imperio y del Consejo áulico imperial, ante los cuales podían sustanciarse como litigios jurídicos tanto los que se producían entre los inmediatamente dependientes del Imperio como los que se entablaban entre los príncipes territoriales y sus súbditos, ello en primer lugar, y en segundo, con la implantación de una jurisdicción correspondiente en los territorios[40]. La juridización de que hablamos encontró, por cierto, una ocasión de fortalecerse aún más en el empeño de la época por cimentar las diversas posiciones de la lucha religiosa con argumentos tomados del mundo del Derecho[41]. Y hubo

---

38 *Iuris naturalis, gentium et civilis eisagoge,* Köln, 1539, tít. I.

39 En las aclaraciones a las *Lenges XII Tabularum,* última parte autónoma de la mencionada *Introducción al Derecho natural,* sigue a los dos últimos títulos *(De religione, De magistratibus)* la indicación de que con ellos quedaba concluido el *ius publicum* y de que quedaba por exponer lo que las Doce Tablas contenían de *ius privatum* (p. 121).

40 Al respecto Hartung, *Deutsche Verfassungsgeschichte,* 1.ª ed., 1964, pp. 39 y ss., 77 y ss.; Smend, *Das Reichskammergericht;* Erster Teil, *Geschichte und Verfassung,* Weimar, 1911, pp. 51 y ss.; Wieacker, *op. cit.,* pp. 92 y ss.; Bullinger, *op. cit.,* pp. 204 y ss.

41 Comp. Wieacker, *op. cit.,* p. 115. Para esto y lo que sigue, Stintzing-Landsberg, *op. cit.,* I, pp. 665, 667 y ss.

de aumentar en densidad cuando la Paz de Westfalia garantizó con seguras cláusulas contractuales la posición de los estamentos imperiales, convirtiendo con ello al Imperio en una estructura de posiciones jurídicas diversas. La juridización, en fin, ha de reconducirse fundamentalmente al hecho de que a los consejos principescos y concejos municipales se fuesen incorporando poco a poco juristas instruidos, que acometían la empresa de someter a puntos de vista ordenadores y a las formas racionales del pensamiento jurídico a un estado comunitario poco claro e impregnado de la rigidez que le prestaban las antiguas tradiciones y privilegios, empresa esta que benefició no poco las pretensiones políticas de los príncipes territoriales[42].

Por ello, cuando a comienzos del siglo XVII DOMINICUS ARUMAEUS y sus discípulos de Jena comenzaron en sus lecciones y publicaciones con el tratamiento independiente del *ius publicum*[43], y cuando poco a poco se instituyeron en las Universidades alemanas cátedras de *ius publicum*[44], ello no tomó el sentido de enfrentar al *ius privatum* un tus *publicum* cerrado en sí mismo, sino el de una superación del estudio ocasional e inconexo de las cuestiones jurídicas de la vida pública a que se procedía en las lecciones relativas al *Corpus Iuris* y en los dictámenes jurídicos, así como, esencialmente, el significado de una investigación y exposición en profundidad, como materia independien-

42 Sobre esto, WIEACKER, op. *cit.*, pp. 50, 54 y ss., pp. 76, 128 y ss.

43 STINTZING-LANDSBERG, *op. cit.*, I, pp. 663 y ss., en especial pp. 667 y ss. Numerosas disertaciones de ARUMAEUS, sus colegas y sus discípulos, relativas al *iuspublicum*, se encuentran en el *Discursus academicus de jure publico, in quibus de imperatoris, regis Romanorum electione et potestate... et aliis ad statum publicum pertinentibus materii tractatur*, publicados por ARUMAEUS, 5 vol., Jena, 1616-1623; las disertaciones se refieren en su mayoría al Derecho político, por ejemplo a la cuestión del *princeps legibus solutus*, pero también a la delimitación del Derecho público (Bd. 1, 33. Discurs; Bd. 3, 3. Discurs).

44 En STINTZING-LANDSBERG *(op. cit.*, I, p. 667) se indica con mayor precisión, solamente para Ingolstadt, que en 1629 algunos comisarios del príncipe elector exigieron la constitución de una cátedra de *ius publicum*, que fue ocupada en 1636 por Ch. BESOLD. REINKING menciona ya en 1619 (dedicatoria de su *Tractatus de regimine*, aquí citado por la edic,. de Basel, 1622) que había sido llamado *Ad extraordinariam et publicam juris Professionem* en la Universidad de Giessen. En Heidelberg, los estatutos universitarios del príncipe elector Karl Ludwig, de 1672, establecen que el *profesor codicis* debe enseñar también el *ius publicum* del imperio germánico, y uno de los programas académicos conservados, el de 1685, contiene el anuncio de un curso privado sobre *ius publicum* impartido por TEXTOR; comp. Gustav Adolf BENRATH, *Heidelberger Vorlesungsverzeichnisse*, en: Heidelberger Jahrbücher, Bd. 5 (1961), pp. 85 y ss.; he de agradecer la indicación sobre ello a Günther DICKEL. El mismo TEXTOR narra en su *Ius publicum Caesareum* de 1697 (aquí citado por la edición de 1721) que desde hacía años habría tratado el *ius publicum*, en lecciones públicas y privadas, en Altdorf y (desde 1673) en Heidelberg (prólogo al lector). KIEL obtuvo en 1692 una cátedra de *ius publicum* (DÖRING, *Geschichte der jur. Facultät;* Neumünster 1965, p. 33, comp, también pp. 76 y ss.). En Basel, en 1706, el *ius publicum* fue incluido en la cátedra de instituciones, el derecho feudal en la del Codex, el derecho natural y de gentes en la de Ética, de la Facultad de Filosofía, una vez que esas materias habían recibido ya antes un tratamiento científico en conexión con las lecciones de Derecho romano o en cursos «privados» (STAEHELIN, *Geschichte der Universität Basel*, 1632-1818, en: *Studien zur Geschichte der Wissenschaften in Basel*, IV-V, Basel 1957, pp. 290 y ss.).

te, de aquello que hoy llamamos Derecho público[45]. Con su nueva disciplina científica, los representantes del *ius publicum* hubieron de batirse, tal como lo testimonia LIMNAEUS[46], el famoso discípulo de ARUMAEUS, en dos direcciones: por una parte, contra la opinión de muchos de los teóricos de la ciencia del Derecho privado de que los juristas habían de ocuparse exclusivamente de este, siendo así que la preocupación por el *ius publicum* sería únicamente el *mantellum ignorantiae Iuris privatae,* un pretexto que ocultaría el defectuoso conocimiento del Derecho privado; por otra parte, contra la recriminación de que el *ius publicum* se introducía en una esfera reservada a la política y en los asuntos internos del gobierno, en los *arcana imperii.* A la ciencia del Derecho público se le oponían así, desde su misma cuna, objeciones que se han revelado de una persistencia notable.

3. La distinción entre *ius publicum* y *ius privatum* vino a recibir un empuje político peculiar a través del interés, observable sobre todo en los escritos de los juristas protestantes, por impedir la recepción en beneficio del emperador alemán de los axiomas jurídico-políticos del *Corpus Iuris,* lo que es decir la monarquía absoluta, y por conservar, con la tradicional estructura constitucional alemana, el *status* especial de los estamentos del Imperio y de los príncipes territoriales, no en último extremo, por cierto, en lo relativo a las cuestiones de religión.

Con la recepción del Derecho romano, también sus axiomas jurídico-constitucionales, como, por ejemplo, la fórmula *princeps legibus solutus,* habían hecho su aparición en el pensamiento jurídico alemán. Y ello porque, a falta de su clara distinción en el Derecho romano, el *ius publicum* no quedó excluido desde un principio de la Recepción[47]. Como ya hemos apuntado, la primera versión independiente del *ius publicum,* la de VIGELIUS, no era otra cosa que una exposición sistematizada de los textos jurídico-públicos, procesales y de Derecho penal esparcidos en el *Corpus Iuris.* Y uno de los más famosos profesores de Derecho público del siglo XVII, el luterano REINKINGK, tan penetrado de la idea imperial, partía de la pervivencia del Imperio Romano[48] e inter-

45 Comp. LIMNAEUS, *Iuris publici imperii Romano-Germanici Libri IX,* 1692 (aquí utilizada la tercera edición Strassburg, 1657). Prólogo a los príncipes; SCHWEDER, *Introductio in ius publicum imperii Romano-Germanici Novissimum,* Tübingen, 1681, prólogo al lector.

46 *Op. cit.,* además, lib. I, cap. II, núms. 9 y ss.

47 Comp. STINTZING-LANDSBERG, *op. cit.,* I, p. 663; STOBBE, *Geschichte der deutschen Rechtsquellen,* 2. Abteilung, Braunschweig, 1864, pp. 122 y ss., en especial nota 31; LABAND, *Über die Bedeutung der Rezeption des römischen Rechts für das deutsche Staatsrecht,* Strassburg, 1880; KOSCHAKER, *Europa und das römische Recht,* 4.ª edic., München und Berlin, 1966, p. 50, en especial nota 2. WIEACKER, *op. cit.,* pp. 67 y ss., por una parte considera al Derecho político romano como no recibido, aunque, por otro lado, indica que ese derecho colaboró en la conformación de la posición del rey germano y de los príncipes territoriales, cierto que después de haber sido parcialmente reinterpretado (aunque parecida transformación experimentó, en mayor o menor grado, el restante Derecho romano). De forma similar, también restrictivamente, VON BELOW, *Die Ursachen der Rezeption des römischen Rechts in Deutschland,* reimpresión de la edición de München, 1905, Aalen, 1964, páginas 55 y ss.; DAHM, *Deutsches Recht,* 2.ª edic., Stuttgart, 1963, p. 104.

48 *Tractatus de regimine saeculari et ecclesiastico,* Giessen, 1619 (aqui utilizado por la edic. de Basel, 1622), lib. I, dass II, cap. I, II. No puedo adherirme al juicio negativo sobre REINKINGK

pretaba la estructura constitucional alemana —con el mayor de los respetos hacia las leyes imperiales, la capitulación electoral del emperador y la praxis constitucional— en forma tal que se preservasen en la medida de lo posible los principios del Derecho romano, tales como, por ejemplo, el de la *suma potestas* imperial[49]; el *Digesto* y las *Novelas,* BARTOLUS y BALDUS eran autoridades que gustosamente citaba[50]. Aún más evidente resulta que, todavía en 1668, el consejero católico del emperador, ANTÓN PÉREZ, basaba primariamente su manual de Derecho político en el *Corpus Iuris,* interpretado este a la manera del Derecho común, y consideraba al emperador como *legibus solutus*[51]. Pero también un adepto del calvinismo como DANIEL OTTO, discípulo de ARUMAEUS y primer autor de una exposición sistemática del Derecho político vigente en Alemania, contemplaba al Sacro Imperio Romano-Germánico como continuación del Imperio Romano de Occidente, y se adhería parcialmente, en su definición del poder imperial, a la glosa de BALDUS[52].

Todo ello hacía necesaria una articulación consciente del *ius publicum* como esfera jurídica que había de construirse, en tanto que Derecho constitucional[53] y en contraposición al *ius privatum,* a partir de fuentes estrictamente nacionales. Ya OLDENDORP, al exigir la ampliación de las lecciones de Derecho al *ius publicum,* había echado en falta una mayor consideración de la tradición jurídica[54]. ARUMAEUS, por su parte, lamentaba el que la Bula de Oro no se hubiese comentado hasta entonces[55]. Y a sus pretensiones dio cumplida satisfacción LIMNAEUS, que, con apoyo en un conocido panfleto protestante, expuso que las cuestiones problemáticas de la entonces vigente constitución política no habían de tratarse conforme al Derecho romano, en seguimiento de BARTOLUS y BALDUS, sino que debían resolverse con base en la tradición del Imperio, la Bula de Oro, las propias decisiones imperiales y otras fuentes jurídicas nacionales, todo ello con la consecuencia, sobre todo, de que al emperador no podía corresponderle el poder supremo e ilimitado[56]. Esta idea recibió una específica operatividad política a través, sobre todo, del polémico escrito sobre la ra-

---

en STINTZING-LANDSBERG, *op. cit.,* 2. Abteilung (II), p. 200, porque muchos de los problemas del Derecho político están más claramente analizados y matizados en este autor que en otros representantes de dicha disciplina.

49 *Op. cit.,* lib. I, dass. III, caps. VII, IX, XI; dass. IV, cap. II.

50 Comp., por ejemplo, *op. cit.,* lib. I, dass. III, caps. XI, XII, núm. 53.

51 *Ius publicum,* Frankfurt, 1668, pensado, según lo dicho en el prólogo, para los estudiantes; com., por ejemplo, pp. 9, 70 y ss. y 73 y ss.

52 *De jure publico imperii Romani* (1616), en: ARUMAEUS, *Discursus,* cit.; Bd. 5, Blatt 41-217 (cap. V, Bl. 62; cap. IX, Bl. 90); OTTO, sin embargo, atiende, por lo demás, a las especialidades del Derecho político alemán.

53 Desde esta perspectiva, limitada por sus fines, correspondía al *ius privatum* todo aquello que no había de atribuirse al orden constitucional, por ejemplo el Derecho penal y el Derecho procesal. Comp., REINKINGN, *op. cit.,* lib. II class. II cap. VI núm. 4; en general *Ehrlich, Beiträge zur Theorie der Rechtsquellen,* I, p. 214.

54 *Op. cit., Iuris naturulis...,* introductio, tít. I.

55 *Op. cit.,* Bd. 1, prólogo.

56 *Op. cit.,* lib. I, cap. III, n.° 1-5; lib. II, cap. VIII, n.° 55-58; cap. IX; más detalles en STINTZING-LANDSBERG, *op. cit.,* II, pp. 214 y ss.

zón del Estado de Hipolithus a Lapide, de 1640, que hacia el final de la Guerra de los Treinta Años lograría contribuir al fortalecimiento de las posiciones de los príncipes protestantes en contra del emperador[57]. A todo lo cual vino a sumarse, en fin, el testimonio histórico que Conring suministraba acerca de la ausencia de continuidad en el tiempo del Imperio y Derecho romanos[58].

Si se prescinde por un momento del aspecto político que subyacía a la cuestión, puede decirse, simplificando un poco las cosas, que de todo lo anterior resultaba una diferencia entre el *ius publicum,* como Derecho político inmutable e históricamente peculiar, y el *ius privatum,* como ámbito jurídico de escasas referencias nacionales, que podía dar acogida a reglas jurídicas extrañas, tales como las del *Corpus Iuris.* Una diferencia similar existía entre el *ius privatum,* como sistema de normas jurídicas de carácter formal y fundamentalmente independientes del orden político, tal y como había sido construido por la ciencia del Derecho común en la tradición jurídica romana, y el Derecho de las *Polizeiordnungen,* que regulaba las relaciones de la vida privada desde el punto de vista de la concreta situación política, económica y social de cada momento, que, por ejemplo, intervenía los precios o imponía determinadas exigencias de calidad desde perspectivas de asistencia pública o con los fines propios de una política mercantilista[59]. Esta diferencia en su referibilidad al dato nacional concreto, sin embargo, solo en parte resultaba determinante de la entidad misma de ambas esferas jurídicas. En la medida en que se creía detectar en el Derecho romano la expresión de la razón natural, o en la medida, por lo menos, en que aquél no entraba en contradicción con la situación constitucional alemana[60], no había inconveniente en tolerar que su ámbito de aplicación se extendiese también a la materia del *ius publicum,* e incluso axiomas constitucionales romanos tan vivamente cuestionados como el de *princeps legibus solutus* tuvieron su influjo, sobre todo en los territorios, en el pensamiento jurídico-público. Dado que tampoco la totalidad del Derecho privado había sido objeto de la recepción, con lo que una parte del

57 *Dissertatio de ratione status in imperio nostro Romano-Germanico,* 1640, con apasionados ataques contra el enjuiciamiento del Derecho político alemán a partir del *Corpus Iuris* en lugar de desde las decisiones imperiales y otras fuentes indígenas (prólogo al lector); el poder supremo radicaría solo nominalmente en el emperador y, en la realidad, en los estamentos imperiales (pars I, cap. II, pp. 32 y ss.). Sobre los motivos de este polémico escrito y sobre el fortalecimiento que de él se derivó para los estamentos del imperio en la paz de Westfalia, comp. Stintzing-Landsberg, op. *cit.,* II, páginas 46 y ss., y 51 y ss.

58 Primeramente en *De origine juris Germanici liber unus,* 1643; aquí utilizado; *De Germanorum imperio Romano liber unus,* 1644, en especial capítulo XI (impreso como apéndice a: *De finibus imperii Germanici libri duo,* Lugduni, 1654). Respecto a la disputa en torno a las tesis de Conring, comp. Stintzing-Landsberg, *op. cit.,* II, pp. 178 y ss.

59 Al respecto, detenidamente y con abundante material, Schmelzeisen, *Polizeiordnungen und Privatrecht,* Münster-Köln, 1955, en especial pp. 15 y ss. Esas normas de policía, por lo demás, no distinguen, ni en su literalidad ni en su sentido, entre *ius publicum* y *ius privatum,* al igual que otras leyes y disposiciones de la época.

60 Camp., por ejemplo, Hippolithus a Lapide, op. *cit.,* prólogo al lector; Limnaeus, op. *cit.,* Lib. I, cap. III, números 4, 5; Textor, op. *cit.,* tít. I, número 37.

mismo hubo de crearse a partir de fuentes jurídicas germánicas[61] —por no hablar ahora de las ya mencionadas modificaciones introducidas en ese Derecho privado por las ordenanzas de policía—, el resultado es que, desde el punto de vista de su referibilidad nacional, solamente existía una diferencia parcial entre *ius publicum* y *ius privatum.*

4. Habrá que dejar claramente establecido, finalmente, que aun cuando es cierto que la literatura destinada al estudio del *ius publicum* se preocupó por el logro de una delimitación del concepto de este respecto del de *ius privatum*[62] en su progreso desde la simple exposición de ciertos extremos concretos de la Constitución imperial, como el de los derechos reservados del emperador, hasta la discusión de cuestiones más generales, no es menos cierto, sin embargo, que aquella literatura construyó nociones e institutos jurídicos-públicos especiales únicamente en referencia a contextos muy específicos, sin desarrollar nunca el sistema cerrado de un Derecho público. Se distinguía así entre las *personae publicae* dotadas de cargos públicos y las *personae privatae* desprovistas de ellos, entre la *potestas publica* del monarca y sus funcionarios y la *potestas privata* del padre, entre negocios públicos propios del cargo y negocios privados, entre *imperiun* y *dominium*[63]. Con ello, y a menudo con apoyo en el Derecho romano, se estaban creando los pilares que habrían de permitir la cancelación del vínculo feudal-medieval entre propiedad privada y cargo público y su sustitución por una moderna estructura estatal y orgánica, pero la trascendencia de estos pasos iniciales no debe desmesurarse ni entenderse desde la perspectiva que pueda ofrecernos el moderno esquema de contraposición entre Derecho público y Derecho privado. Porque, al igual que ocurrió con ALTHUSIUS, tampoco en la doctrina relativa al *ius publicum* se manejaron los términos de «público» y «privado» a efectos de subdividir la globalidad del Derecho en dos ámbitos normativos aislados entre sí, sino que, contando con que todo ello pueda revelar un sentido jurídico específico, el empleo de aquellos conceptos solo *parcialmente* se dirigía a la comprensión dogmática de *especialidades concretas* de la vida pública o privada subyacentes a determinados institutos o reglas jurídicas: del traspaso, por ejemplo, al sucesor del monarca únicamente de las obligaciones contractuales que este hubiese asumido en el ejercicio de su cargo (públicas), pero no de las que le hubiesen vinculado a título exclusivamente personal (privadas), o del derecho de resistencia de los altos cargos oficiales por contraste con la carencia del mismo que resultaba en

61 Lo indica ya LIMNAEUS *(op. cit.)*. Una lista de pérdidas de la recepción del Derecho privado la ofrece WIEACKER, op. *cit.*, pp. 119 y ss.

62 Así, por ejemplo, BRAUTLACHT, *Epitome jurisprudentiae publicae universae...*, Gotha, 1661 (escrito en 1621), Liber primus cap. I, núm. 1, 3; LIMNAEUS, op. *cit.*, lib. I, cap. I, núms. 7 y ss., con apoyo en DONELLUS; TEXTOR, op. *cit.*, tít. I, núms. 16 y ss.

63 Comp., por ejemplo, BRAUTLACHT, op. *cit.*, lib. VII, cap. II, núm, 2 *(potestas privata-publica)*; lib. III, cap. I, núm. 17 *(obligatio principis privata-publica)*; lib. VI, cap. V, núm. 5 *(dominium como propiedad, imperium como poder del Estado)*; LAMPADIUS, *De republica Romano-Germanica*, con preámbulo de CONRING, impreso en apéndice a BRAUTLACHT, op. *cit.* (es decir, publicado en 1661 y no solamente en 1686, como STINTZING-LANDSBERG, *op. cit.*, I, p. 251, nota 1, opinan), Pars prima Nr. 52 *(negotia publica-privata)*. Sobre ello también HABERMAS, *Strukturwandel der Öffentlichkeit*, Neuwied, 1962, página 23.

las personas simplemente privadas[64]. Por encima de estas diferencias jurídicas, que con un lenguaje moderno podríamos considerar como *funcionalmente limitadas,* resulta que, por lo que hace a las actuaciones o instituciones jurídicas designadas como «públicas», o bien no existían principios jurídicos especiales[65], o bien se acudía expresamente a los conceptos jurídicos provenientes del derecho de cosas, derecho contractual, derecho general de sociedades o derecho delictual[66], y todo ello tan pronto con apoyo en el Derecho romano, como en el caso de los delitos, tan pronto en la línea de una tendencia que, excediendo los límites de las fuentes romanas y claramente influencia por la realidad de la comunidad medieval, apuntaba a la conceptuación del orden social y jurídico como una íntima unidad.

Frente a todo ello no constituía excepción ni tan siquiera la *summa potestas,* el poder estatal supremo cuya fundamentación y límites formaban parte del conjunto de temas básicos de la literatura jurídico-política de la época. Cierto que, precisamente aquí, las normas especiales ocupaban el lugar preferente, porque no solo Bodin[67], sino que también ciertos publicistas alemanes —influidos, no obstante el generalizado repudio del Derecho político romano, por el principio *princeps legibus solutus*— eximían al titular de la *summa potestas,* salvas sus limitaciones jurídico-constitucionales, de la observancia de las leyes vigentes en el Estado[68]. Ello no implica, sin embargo, que las reglas jurídicas conformadas por el *ius privatum* fuesen tenidas aquí por totalmente inaplicables. Es significativo, por ejemplo, que Otto, discípulo de Arumaeus, equiparase el deber del soberano de cuidar del bienestar de sus súbditos a la

64 Perez, op. *cit.,* p. 80; Otto, op. *cit.,* Bl. 111; Reinkingk, op. *cit.,* lib. I. dass III, cap. X, núms. 18 y ss.

65 Así, por ejemplo, por Lampadius, op. *cit.*

66 Bodin, por ejemplo, rechazaba el derecho de resistencia contra el ejercicio antijurídico del cargo por los magistrados en el caso de lesión de bienes meramente materiales o externos, ello en base al argumento de que el daño podía ser eliminado entonces mediante una *actio iniuriarum (De republica libri sex,* 1, edic. en lengua latina 1584 —aquí utilizada la cuarta edición 1601—, lib. III, cap, V, p. 481; edición francesa, París, 1583, reimpresión Aalen, 1961, p. 445). También desarrolló Bodin un «Derecho de sociedades» unitario para todas las comunidades, para los colegios de artesanos y agrupaciones de comerciantes lo mismo que para los colegios oficiales (senado, autoridades colegiadas), considerando a estas comunidades en su conjunto como miembros de la república *(op. cit.,* lib. III, cap. VII). Brautlacht *(op. cit.,* lib. VII, cap. IV) equiparaba, igualmente, los estatutos de municipios y otras comunidades inferiores (civitates) a los de las sociedades autorizadas y familias nobles. Comp., por lo demás, la documentación que sigue.

67 *Op. cit.,* lib. I, cap. VIII, con importantes limitaciones, en beneficio, por ejemplo, de aquellas leyes que correspondían al Derecho natural (pp. 153 y ss.; edic. francesa, pp. 150 y ss.).

68 Así, Reinkingk, *op. cit.,* lib. I, class. III, cap. XII, núms. 1-17, y de modo semejante Limnaeus, *op. cit.,* lib. II, cap. VIII, núm. 55 (para las *leges civiles,* pero no para las *leges morales, naturales* y fundamentales); Otto, *op. cit.,* Bl. 90 y notas, con evidente limitación, en lo esencial, a los derechos reservados del emperador (comp. Bl. 76); Hippolithus a Lapide, *op. cit.,* páginas 32 y ss., y 90 y ss. *(summa et absoluta, legibus soluta potestas* no en el emperador, pero sí en los estamentos imperiales, es decir, en el Reichstag); Perez, *op. cit.,* pp. 73 y ss. (el emperador como *legibus solutus).*

obligación del tutor[69], y es también revelador que BRAUTLACHT[70], procedente de la misma escuela, diferenciase en principio los contratos públicos y privados del *princeps* para añadir inmediatamente, al igual que BODIN[71], que el *princeps* quedaba vinculado por igual a través de cualquier pacto. Se discutía con toda naturalidad el problema de si las normas sobre prescripción habrían de aplicarse también a la adquisición frente al monarca de derechos de soberanía[72], se analizaba la concesión real de tales derechos desde el prisma considerativo de las normas sobre compra o donación[73], se derivaba de la imposición de portazgos una responsabilidad cuasi-contractual por la seguridad de los caminos[74] y se estudiaban las diferencias de detalle entre un mandato normal y el mandato al titular de un cargo público[75]. Y ya en términos del todo generales, tanto ULRICH OBRECHT en su discurso de ingreso en la Universidad de Estrasburgo[76], ya mencionado al comienzo de esta obra, como GABRIEL SCHWEDER[77], profesor de Derecho político en Tubinga, coincidían allá por 1680

69 Op. *cit.*, cap. I, Bl. 41 y ss., nota (b); comp. también nota (a).

70 Op. *cit.*, lib. III, cap. I, núm. 17; igualmente PÉREZ, op. *cit.*, páginas 75 y ss.; comp. también OTTO, op. *cit.*, Bl. 75, 104 (capitulación electoral como *pactum vinculante).*

71 Op. *cit.*, lib. I, cap. VIII, pp. 135 y ss.; edición francesa, pp. 133 y siguientes. De modo diferente, por ejemplo, GROTIUS, *De iure belli ac pacis,* 4.ª edic., Amsterdam, 1642, lib. II, cap. XIV, núms. I, II y VI: las normales reglas contractuales de las *leges civiles* podrían aplicarse únicamente a los actos privados del monarca, pero no a las actuaciones del cargo, a los contratos, por ejemplo, con los súbditos como tales (*actus Regis qui Regii sunt),* porque la Comunidad no se habría supraordenado por sí misma y no podría por ello vincularse con leyes —un argumento propio de la soberanía—, que no es raro encontrar en épocas posteriores, pero que no impide a GROTIUS, por lo demás, aplicar también al poder soberano, con inclusión en parte del *Summum imperium,* conceptos y reglas jurídicas del tráfico jurídico general, como la propiedad y el usufructo; comp., por ejemplo, lib. I, cap. IV, núm. XX, y la documentación de la nota siguiente.

72 OTTO, *op. cit.*, Bl. 115 (*praescriptio* contra el emperador al igual que contra personas privadas, con una diferencia exclusivamente de plazos); CONRING, *De finibus imperii Germanici,* cap. XIX, núm. V. GROTIUS (*op. cit.*, libro II, cap. IV, núms. XII y XIII) pretendía la no aplicación de las reglas de la *usucapio* y de la *praescriptio,* en cuanto normas de las *leges civiles,* al *Summum imperium,* pero sí su aplicación, por el contrario, a aquellos derechos que no pertenecían necesariamente al *Summum imperium* —es decir—, a los derechos accidentales de soberanía, quizá en el sentido de las después llamadas *regalia minora.*

73 BRAUTLACHT, op. *cit.*, lib. IV, cap. VI, núms. 20-22 (adquisición de la *jurisdictio* mediante privilegios, usucapión, *«pacto vel donatione»);* CONRING, *op. cit.*, núm. VI.

74 BRAUTLACHT, op. *cit.*, lib. VI, cap. III. Puesto que el portazgo solo podía imponerse justa causa, en especial en aras de la conservación y seguridad de los caminos, el que los imponía se obligaba tácitamente, con su aceptación, a garantizar aquella seguridad.

75 BODIN, op. *cit.*, lib. III, cap. II, p. 420; edic. francesa, p. 388. El mandato en asuntos privados sería también cumplido cuando se ejecuta mejor que en la medida de lo exigido; otro sería el caso del mandato en asuntos públicos: un soldado es condenado a muerte si ataca con éxito, pero en contra de las órdenes recibidas.

76 Op. *cit.*, p. 523 y ss., en especial p. 525.

77 Op. *cit.*, *Pars generalis,* cap. I, núm. 14, pp. 11 y ss.

en que muchas de las normas jurídico-materiales y rituarias construidas por el *ius privatum* habían de regir igualmente para el *ius publicum*[78].

Al igual que en DONELLUS, por lo tanto, también en la doctrina jurídico-política se asociaba con el *ius privatum* la idea de un Derecho de vigencia general, de un Derecho común que también recibía aplicación en el ámbito del *ius publicum* en la medida en que la especificidad de este no exigiese reglas especiales. Cierto que el monarca podía eximirse, en virtud de su *legibus soluta potestas,* de aquel Derecho común, pero no es menos cierto que también podía someterle sus actuaciones jurídicas, sin que para ello fuese necesaria la idea del *fiscus,* entendido como una fingida persona privada[79], en contra de lo que podría hacer pensar la retrospectiva construcción conceptual que tendría lugar en el tardío siglo XIX. El *princeps,* enseñaba REINKINGK con una especial agudeza[80], sería el guardián del Derecho, y por lo mismo, en caso de duda, antes se serviría del *ius commune, es* decir, del Derecho común (privado), que de la *plenitudo potestatis.* Esta idea se adecuaba antes que nada a la compra y al arrendamiento, a los testamentos y otros negocios jurídicos típicos de las relaciones entre privados, pero su vigencia también afectó, como queda dicho, al análisis jurídico de específicas actuaciones oficiales del monarca.

Cuando LIMNAEUS[81] atribuía al *ius publicum* la primacía frente al *ius privatum,* estaba pensando en la mayor dignidad y trascendencia de. aquél para el destino de la comunidad, pero no en el mayor o menor valor jurídico del uno o del otro. Cierto es que en la esfera del *ius publicum* tomó cuerpo con la *summa potestas* un derecho general de legislación y ordenanza del monarca, derecho que en efecto hubo de ejercitarse únicamente —y aquí es claro el influjo creciente de la reforma y su idea del cargo del soberano a desempeñar según normas— en interés del bienestar común y no en beneficio personal del monarca[82], pero Derecho que podía imponerse mediante la invocación precisamente de aquel bienestar común *(salus publica)* frente a los derechos y libertades de los súbditos[83]. Ahora bien, lo que según esto había de ceder, en caso de conflicto, ante la *summa potestas* y el bienestar público no era el *ius privatum*

78 Comp. también BODIN, op. *cit.,* lib. I, cap. VIII, pp. 153 y ss. (edición francesa, pp. 150 y ss.): «Aut enim in legibus propositis agitur de eo quod publicum est, aut privatum; *aut utriusque commune»* (subrayado del autor).

79 Respecto de la refutación de esta leyenda de la incardinación del monarca (Estado) en el Derecho privado a través de una ficción del *Fiscus,* comp. BULLINGER, *Vertrag und Verwaltungsakt,* pp. 200 y ss.; RÜFNER, *Verwaltungsrechtsschutz in Preussen von 1749 bis 1842,* Bonn, 1962, *passim.*

80 Op. *cit.,* lib. I, dass. III, cap. XII, núms. 53 y 67.

81 Op. *cit.,* cap. II, núm. 29.

82 OTTO, op. *cit.,* Bl. 41 y ss., notas (a) y (b) (dominio solo legítimo si ejercitado en provecho de los súbditos; CALVINO, entre otros, citado como apoyo); de modo parecido, con referencia a determinados asuntos administrativos, BRAUTLACHT, op. *cit.,* lib. VI, cap. Ill, VI; LAMPADIUS, op. *cit., Pars tertia,* cap. IX, núm. 5.

83 Comp., por ejemplo, BRAUTLACHT, op. *cit.,* lib. VI, cap. V, núm. 6 (incautación de propiedad, posible con justa causa); CONRING, *De finibus...,* cap. XIX, núm. VI (revocación de concesiones del *princeps* al igual que sustracción de otros *bona,* únicamente conforme a los principios del *dominium supereminens,* es decir, en aras de la *utilitas publica);* HIPPOLITHUS A LAPIDE, op. *cit.,* p. 16; LAMPADIUS, op. *cit.*

en sentido científico-sistemático, ni tampoco solamente los derechos reales o de crédito estudiados por la doctrina de ese *ius privatum,* sino la totalidad *de los derechos de los privados* con independencia de su origen o naturaleza, en el sentido de los derechos adquiridos *(iura quaesita)* y con inclusión, por lo tanto, de las prerrogativas de justicia en concesión y de los privilegios mercantiles o industriales[84]. Frente a cualquier perjuicio injustificado de estos derechos de los privados por parte del monarca y sus funcionarios podía el afectado acudir a los tribunales imperiales o de los territorios, siempre, claro está, que se diese la vía judicial misma[85]. La distinción sistemática entre *ius publicum* y *ius privatum,* por consiguiente, no jugaba papel alguno en lo que a la delimitación de la posición jurídica del particular frente al monarca se refiere.

Con la simplificación aquí obligada, puede concluirse de todo lo que precede que aunque *ius publicum* y *ius privatum* se diferenciasen durante los siglos XVI y XVII como *positiones studii iuris,* como ramas del saber jurídico, resulta, por contra, que desde un punto de vista sistemático fueron entendidos como esferas del Derecho que se entrecruzaban mutuamente a través de una no despreciable red de normas jurídicas comunes para acabar constituyendo en definitiva, desde la perspectiva de su mismo contenido jurídico, únicamente puntos de partida para específicas diferenciaciones parciales, que solo en su referencia a diversas materias concretas alcanzaban un significado[86]. Y lo que es más importante, el *ius privatum* no obtuvo nunca la consideración de salvaguardia de la libertad privada frente al poder del Estado conformado por el *ius publicum;* ese papel correspondió a los «derechos de los privados», en los que, por cierto, no llegó a tomar cuerpo tensión ninguna entre *ius privatum* y *ius publicum.*

III. DIFERENCIACIONES ACADÉMICAS EN EL DERECHO POLÍTICO DEL SIGLO XVIII

La distinción entre *ius publicum* y *ius privatum,* en su limitada función, había de convertirse en instrumentario normal y cotidiano de los juristas del siglo XVIII. Cuanto más se debilitaban las originales motivaciones político-jurídicas que habían conducido a la diferenciación, tanto más intensamente devenía esta una cuestión de pura sistemática científico-académica; sus nuevas implicaciones políticas, en efecto, apenas alcanzaron en un principio relevancia ninguna para la dogmática del Derecho.

Es significativo que el profesor de Derecho público de Göttingen, JOHANN JACOB SCHMAUSS, iniciase su *Compendium iuris publici* de 1746[87] con la idea de

84 Comp. CONRING, *op. cit.*

85 Al respecto, para más detalles, mi anterior investigación, *Vertrag und Verwaltungsakt,* pp. 204 y ss. Incluso un asunto de autoridad, por ejemplo el litigio en torno a la consecuencia jurídica de una orden de policía, se convertía en un asunto de justicia cuando el afectado invocaba un derecho adquirido contrario.

86 Ello podría resultar en parte, incluso, del material relativo al sur de los Países Bajos, recogido por Philippe GODDING («La distinction entre Droit public et Droit privé dans les Pays-Bas Méridionaux avant 1800», en *Rapports belges au VIIe Congrès international de Droit comparé* [Uppsala], Bruxelles, 1966).

87 Aparecido en Leipzig.

que el *ius publicum* sería «aquella parte del saber jurídico en la que la constitución del gobierno de un Estado es examinada según las leyes». En el prólogo a su recopilación de las leyes fundamentales del Imperio se elevaba con mordaz ironía contra la pretensión de repartir con nitidez el Derecho material, es decir, las leyes imperiales, entre el *ius publicum* y el *ius privatum*[88]: la distinción entre actuaciones privadas y actuaciones públicas del Estado tendría, sin duda, su fundamento y sería necesaria, pero esas actuaciones evidenciarían una interdependencia lo suficientemente expresa como para no admitir que «se las diferenciase tan sutilmente y se las dividiese en partes tan mínimas como las que acostumbran a observar en el punto los matemáticos»; por ello debía reconocerse la existencia de un *ius publicum mixtum* como formación intermedia entre Derecho público y Derecho privado. También en PÜTTER y en sus discípulos LEIST y HÄBERLIN hace su aparición, más que una división dualista del Derecho material, una delimitación académico-científica del Derecho político respecto de otras disciplinas. Esto está especialmente claro en LEIST, para el que constituía un problema de correcta *metodología* el si el Derecho privado de los príncipes y el Derecho internacional privado habían de estudiarse o no en el marco del Derecho político, del *ius publicum*[89]. Desde el punto de vista de la positividad jurídica quedaba protegida la esfera del *ius publicum* no tanto frente al *ius privatum* en especial como, más en general, frente a la totalidad del Derecho romano, e incluso esto solo con reservas, puesto que también se admitía la vigencia de ciertas reglas e institutos del Derecho romano, por ejemplo el del *precarium*, en la esfera del Derecho político, siempre que no se opusiesen a ello la naturaleza especial o las especiales normas de este último[90].

Aquellos autores que se interesaban no tanto por la delimitación de los ámbitos académicos y la claridad sistemática cuanto por los problemas reales de la praxis judicial y político-administrativa, como, por ejemplo, STRUBE, consideraban con toda naturalidad la relación jurídica de los servidores de los príncipes territoriales como *locatio conductio operarum* (contrato de servicios)[91], remitían la defensa de un derecho de caza frente a los funcionarios de los príncipes territoriales al procedimiento normal de protección posesoria[92], e investigaban por extenso el problema de si la prohibición del *Codex* a la nobleza relativa a la práctica del comercio había perdido su vigencia, dado el cambio de circunstancias[93], sin ni siquiera formular el problema de la subsunción de tales cuestiones jurídicas bajo el *ius publicum* o el *ius privatum*.

---

88 *Corpus iuris publici*, 3.ª edic., Frankfurt und Leipzig, 1735, prólogo a la 2.ª edic.

89 *Lehrbuch des teutschen Staatsrechts*, Göttingen, 1805, §§ 1 y 5. Compárese junto a ello PÜTTER, *Institutiones iuris publici germanici*, 3.ª edic., Göttingen, 1782, § 4; HÄBERLIN, *Handbuch des Teutschen Staatsrechts*, Berlín, 1794 § 4. Se caracteriza conceptualmente al Derecho privado como aquel que podría subsistir sin el Estado.

90 PÜTTER, *op. cit.*, § 22 al final, pero § 353 (*precarium* y *servitutes* referidos a la regalía del correo); LEIST, *op. cit.*, § 11; especialmente detallado y matizado, HÄBERLIN, op. *cit.*, § 22.

91 *Rechtliche Bedenken 3. Theil*, 3.ª edic., Hannover, 1792, CXLIV. Bedenken.

92 *Nebenstunden Erster Theil*, 2.ª edic., Hannover, 1759, II. Abhandlung, §§ XV-XVII.

93 *Nebenstunden 3. Theil*, Hannover, 1761, XIX. Abhandlung (Von des Teutschen Adels Brau-Gerechtigkeit), §§ VII y VIII.

Cierto que, sobre todo en la segunda mitad del siglo, los príncipes territoriales procuraron reducir su sometimiento a la jurisdicción de los colegios judiciales hasta dejarlo circunscrito al ámbito de los asuntos privados o asuntos jurídico-privados, con la idea igualmente de restringir a dicho ámbito de asuntos su aceptación de una legislación de carácter general. Las nuevas funciones que así recibía la distinción entre *ius publicum* y *ius privatum,* apenas adquirieron en un principio alguna relevancia desde el punto de vista de la dogmática jurídica, puesto que de lo que se trataba, en la óptica más o menos pragmática de los príncipes territoriales, era de librar de limitaciones jurídicas a determinados intereses y derechos esenciales de soberanía, con el consiguiente debilitamiento de las posiciones jurídicas del súbdito enfrentadas con aquéllos. Los «derechos de los privados» protegidos judicialmente, en los que todavía no se había operado distinción ninguna entre *ius publicum* y *ius privatum,* se vieron así constreñidos, pero seguían constituyendo el marco encuadrador de relaciones jurídicas de soberanía para con el príncipe territorial, relaciones tales como los privilegios o regalías menores en concesión[94].

Tampoco podía tomar cuerpo una íntima unidad y armonía del *ius privatum* frente al *ius publicum* mientras, desde distintos prismas considerativos, se atribuyese sistemáticamente al primero de ambos todo aquello que no pertenecía al Derecho político; entre otras cosas, por lo tanto, el Derecho penal y el Derecho feudal[95]. Pero es que ni siquiera aquel sector de este *ius privatum* no poco heterogéneo que, en parte, bajo el nombre de *ius civile,* se aproximaba más al Derecho civil actual, resultaba completamente ajeno a la comunidad y a sus asuntos públicos. Su primera codificación de importancia, el *Codex Maximilianeus Bavaricus Civilis* de 1756, se ocupaba de las relaciones jurídicas entre particulares de manera tal, que quedaban también incluidos en su ámbito específicos derechos e intervenciones de las autoridades; así, por ejemplo, las normas sobre precios, las competencias de los príncipes territoriales en los asuntos de agravios y las servidumbres feudales de los súbditos para con el señor de horca y cuchillo o el preboste[96]. Estas y otras incursiones similares en el campo del *ius publicum* fueron consideradas por KREITTMAYR como un problema de correcta estructuración metódica de los datos jurídicos, estructuración que él justificaba, con remisión aquí a SCHMAUSS, en la existencia de materias jurídicas mixtas[97].

94 Al respecto, detenidamente, BULLINGER, op. cit., pp. 204 y ss., en especial pp. 213 y ss.; RÜFNER, *Formen öffentlicher Verwaltung im Bereich der Wirtschaft,* Berlin, 1967, pp. 45 y ss. Comp., además, EHRLICH, *Beiträge zur Theorie der Rechtsquellen I,* pp. 232 y ss.

95 Sobre esto y sobre la historia de las ideas en el siglo XVIII, que condujo finalmente a un concepto más estricto de Derecho privado, detenidamente EHRLICH, op. *cit.,* pp. 214 y ss., en especial pp. 224 y ss.; compárese, por ejemplo, DARJES, *Institutiones iurisprudentiae privatae Romano-Germanicae,* Jena, 1749, *Praecognoscenda,* cap. II, § 64 (dentro del *ius privatum* habría de diferenciarse el *ius civile* del *ius criminale* y *feudale).*

96 4. Theil, kap. 3, § 8, 17; kap. 0, § 16; 2. Theil, kap. 11. El Código, en 1. Theil, kap. 2, §§ 6 y 7, aportaba una definición legal de la diferenciación entre Derecho político *(ius publicum)* y Derecho civil (*ius privatum*).

97 *Anmerkungen über den Codex,* I. Theil, 1758, Vorrede; aquí se utiliza la edición de München, 1844.

La diferenciación entre *ius publicum* y *ius privatum* conservó así en lo sustancial el carácter de una «entre las varias divisiones del Derecho»[98], con un significado más sistemático-metódico que de derecho material positivo y con una función divisoria solo parcial, puesto que permitía la subsistencia de un ámbito de institutos y reglas jurídicas comunes.

IV. El acabamiento de dos sistemas jurídicos generales en el racionalismo jurídico

La distinción entre *ius publicum* y *ius privatum* habría de recibir nuevos acentos hacia finales del siglo XVII y a lo largo del XVIII gracias a Samuel Pufendorf y a aquellos que, en seguimiento suyo, emprendieron la tarea de sistematizar el racionalismo jurídico, la versión del *ius* naturalismo basada en la *ratio* humana.

En su gran obra sobre el Derecho natural[99] estudiaba Pufendorf primeramente los derechos y obligaciones de cada hombre en su relación con los otros y en las comunidades menores del matrimonio y la familia, todo ello desde la perspectiva de principios racionales de carácter general, lo que equivale a decir que con tendencia a independizarlos de las condiciones de la vida en común en el Estado para inmediatamente después deducir también de principios racionales las específicas relaciones jurídicas del *status civilis*[100]. La diferencia entre *ius publicum* y *ius privatum* no constituía el fundamento de este sistema, ni siquiera se la mencionaba. Y también deberá guardarse uno de comprimir la obra de Pufendorf en el esquema de la moderna división dualista de lo jurídico, tanto más cuanto que su autor vinculaba, en su concepto del Derecho natural, la Moral y el Derecho, los deberes de la interioridad humana y las obligaciones jurídicas del mundo exterior, contraponiendo, por lo demás, lo público y lo privado solo relativamente en el sentido de diferentes contextos funcionales, sobre lo cual habrá de volverse con más detalle. En sustancia, sin embargo, Pufendorf elabora, sobre la base que le ofrecían los esfuerzos de sistematización de la ciencia del Derecho común o de la doctrina

98 Glück, *Pandektenkommentar*, Erster Theil, 2.ª edic., Erlangen, 1797, página 77, § 13.

99 *De jure naturae et gentium libri octo*, 1672 (aquí utilizada la segunda edición, Frankfurt/M., 1684). Resumido en *De officio hominis et civis*, 1673 (aquí utilizada la edición de Lugduni, 1769).

100 *De jure naturae*, libs. III-V: relaciones jurídicas individuales; libro VI: matrimonio y familia, comunidad familiar; libs. VII y VIII: relaciones jurídicas en la *civitas (status civilis)*. Al contrario que posteriores doctrinarios del racionalismo jurídico, Pufendorf no integra en un *status naturalis*, contrapuesto al status *civiles*, las reglas, ajenas al Estado, de las relaciones jurídicas individuales y de las comunidades menores de vida, y ello porque, para él, el *status naturalis* es un estado carente de relaciones jurídicas *(De officio*, lib. II, cap. I, núm. V). De modo que aunque Pufendorf construía las relaciones individuales y las relaciones de las comunidades menores con una metodología desdeñosa de la existencia del ordenamiento jurídico de la comunidad política, lo cierto es que en su obra aquellas relaciones no existen realmente fuera de la comunidad. Ello lo evidencia también el que aquí y allí discuta las modificaciones y reglas especiales que solo resultan del orden jurídico de una *civitas*, las relativas, por ejemplo, al precio de las mercancías *(De jure naturae*, lib. V, cap. I, §§ 1 y 14) o a los límites de la patria potestad *(De jure naturae*, lib. VI, cap. II, §§ 11 y 12).

jurídica del Estado y de la teoría del Derecho natural (GROTIUS), un derecho general de personas y cosas, de contratos y delitos, y con todo ello un «Derecho privado general» de nueva contextura, al que sigue, con las discusiones sobre el *status civilis,* un «Derecho general del Estado». Con lo cual, y por primera vez, quedaban enfrentados entre sí el Derecho privado y el Derecho público como dos sistemas parciales y completos de principios e institutos jurídicos generales o, en términos modernos, como dos «partes generales»[101].

Este enfrentamiento no podía perdurar. Porque el Derecho privado general —derivado de principios racionales como derecho de las relaciones individuales, tendencialmente independiente del orden político e interpretado por lo mismo, más de lo que lo había sido hasta entonces, en el sentido de un Derecho carente de vinculaciones nacionales— debía ser trasladado, si se quería que alcanzase un significado práctico, desde su situación en cierto modo de indiferencia política hasta el orden vital y jurídico del Estado *(civitas).* En el *status civilis,* sin embargo, existía la posibilidad de un conflicto entre el Derecho privado general y el derecho de legislación del monarca. PUFENDORF dio solución a este conflicto, si las cosas son como yo las veo, en beneficio, dentro de ciertos límites, del Derecho privado general, y ello a través de una doble vía. Por una parte consideraba al Derecho natural como fundamento también del *status civilis* y dotado de eficacia vinculante para la relación entre el regente y los súbditos, bien es cierto que sin sanciones jurídicas terrenales respecto a aquél[102]; el Derecho privado general, de bases iusnaturalistas, se convirtió así en una parte del ordenamiento fundamental, de Derecho natural, del Estado. Por otra parte, PUFENDORF otorgaba al regente el poder de legislación, como en general el *summum imperium,* no para su ejercicio en beneficio personal, sino únicamente como atributo de un cargo y, por cierto, que para el logro del fin de la *societas civilis*[103]. Puesto que este fin de la eidética unión contractual en la *societas civilis* era para PUFENDORF la preservación del hombre contra el infortunio que pudiera provenirle de sus semejantes[104], la función del regente debía consistir en el fortalecimiento y protección de la situación natural del ser humano y del súbdito, cierto que únicamente dentro del marco ofrecido por el bienestar de la totalidad de la *civitas* (bien común, razón de Estado), al

---

101 Sobre la aportación sistematizadora de PUFENDORF y su influencia en la dogmática iusprivatista de hasta la actualidad: WIEACKER, *op. cit.*, pp. 180 y ss. (pp. 183 y 186), pp. 228 y ss.; WELZEL, *Die Naturrechtslehre Samuel Pufendorf,* Berlín, 1958, pp. 51 y ss.; del mismo, *Naturrecht und materiale Gerechtigkeit,* 2.ª edic., Göttingen, 1955. Erik WOLF opina que PUFENDORF no aportó nada sustancialmente nuevo, desde el punto de vista sistemático, respecto de ALTHUSIUS y otros; quizá, sin embargo, se pueda considerar como una sustancial novedad, de relieve por lo demás para el desarrollo del pensamiento jurídico alemán, el que PUFENDORF, en contraposición a anteriores intentos sistemáticos, construyese dos sistemas, en sí mismo cerrados, de Derecho privado general y de Derecho político general, vinculando a ambos en una única unidad sistemática.

102 *De jure naturae,* lib. VII, cap. VI, § 3; cap. VIII, § 4; lib. VIII, capítulo I, § 2. Comp. al respecto Hans MAIER, *Ältere deutsche Staatslehre und westliche politische Tradition,* Tübingen, 1966, pp. 12 y ss.

103 *De iure naturae,* lib. VII, cap. VIII, § 4; cap. IX; lib. VIII, cap. V, § 7; *De officio,* lib. II, cap. XI, núm. I.

104 *De jure naturae,* lib. VII, cap. I, § 1.

que Pufendorf hace especial referencia una y otra vez[105]. Consecuentemente, consideraba que la misión de las leyes del Estado respecto a los miembros de este era antes que nada la de conferir vigencia positiva y accionabilidad judicial al Derecho divino y natural, y solo en un segundo momento la de regular conforme al criterio del bien de cada *civitas* las cuestiones indiferentes para la perspectiva de estos dos últimos Derechos[106]. Resulta de tal modo que las normas generales aplicables a las relaciones de los hombres entre sí, en la medida en que derivaban del Derecho natural para constituirse con abstracción de cualquier ordenamiento jurídico positivo, adquirían en la obra de Pufendorf el carácter de una esfera jurídica protegida, al menos en sustancia, frente al poder político; aunque, eso sí, con un débil nivel de garantía, puesto que Punfedorf estaba lejos de admitir ningún derecho de resistencia para el supuesto de rebasar el monarca los límites impuestos a su autoridad por el Derecho natural, con lo que tales límites se entendían más que nada, en última instancia, como simples mandatos morales para aquél[107].

Ya que el propio Pufendorf no procedía a una distinción de concepto entre el *ius publicum* y el *ius privatum* considerados como un todo, sino que únicamente dividía en públicos y privados concretos institutos jurídicos —tal era el caso de las agrupaciones personales, pero no, por ejemplo, el de las leyes— [108], quedaba sin respuesta la cuestión de si habrían de regir como Derecho privado exclusivamente los principios jurídicos generales aplicables a las relaciones humanas —aquellos principios, pues, concebidos en franca indiferencia para con su eventual vigencia en el Estado y asimilados por este como bienes jurídicos de Derecho natural— y como Derecho público las cristalizaciones o modificaciones de derecho positivo experimentadas por dichos principios; o si, por el contrario, y ya una vez en el Estado, había de entenderse como Derecho privado cualquier normativa de la relación entre los súbditos, con independencia de su origen, y como Derecho público la totalidad del orden regulador de las relaciones entre aquéllos y los órganos del Estado como tales. Con esta persistente dificultad sistemática hubieron de enfrentarse todos aquellos teóricos del racionalismo jurídico que pretendían trazar una línea divisoria clara entre el *ius privatum* y el *ius publicuum* del *status civilis;* entre los cuales descollaba particularmente Justus Henning Boehmer[109]. Atribuía

---

105 *De jure naturae,* lib. VII, cap. VIII, § 4; cap. IX (en el que, ciertamente, la *salus publica* es caracterizada como *suprema lex);* lib, VIII, capítulo V, §§ 3 y 7 (limitación e incautación de la propiedad del súbdito solo para satisfacer las exigencias de la *salus publica).*

106 *De officio,* lib. II, cap. XII *(De legibus civilibus in specie),* números I-VIII; *De jure naturae,* lib. VIII, cap. I, §§ 1 y ss. Comp. también al respecto Welzel, *Die Naturrechtslehre Samuel Pufendorf,* pp. 55 y ss.

107 *De jure naturae,* lib. VII, cap. VIII; lib. VIII, cap. I, § 1.

108 Comp. *De jure naturae:* por una parte, lib. VII, cap. II, § 21 (diferenciación, dentro del campo de las *societates, collegia...,* entre las uniones «públicas» constituidas bajo la autoridad del *summus imperans* y las uniones «privadas» constituidas mediante un libre acuerdo), y por otra parte, libro I, cap. I, § 20; cap. VI; lib. VIII, cap. I (ninguna división entre *publicum* y *privatum* del *ius* y la *lex; lex civilis,* en la terminología del racionalismo jurídico, significa, en la mayoría de las ocasiones, cualquier ley del Estado).

109 *Introductio in ius publicum universale ex genuinis iuris Naturae principiis deductum...,* 1.ª edic., 1709 (aquí utilizada la 3.ª edic., Halle-Magdeburg, 1740); comp. *Pars generalis,* cap.

este al ámbito del Derecho privado todas aquellas relaciones y actos jurídicos que no evidenciaban una necesaria referencia al Estado y que también podían concebirse en el *status naturalis,* tales como, por ejemplo, la compra y el préstamo. Simultáneamente, sin embargo, debía conceder que, ya en el Estado, todas esas relaciones jurídicas habrían de quedar afectadas al bien común, sin poder sustraerse tampoco a su reordenación por la legislación positiva[110]. La ausencia de una cualquiera referencia al mundo del Estado, como nota caracterizadora del Derecho privado, era, por lo tanto, o una pura ficción o expresiva únicamente de la naturaleza de un núcleo sustancial y reducido de este. Tampoco aclaraba J. H. BOEHMER qué sentido había de tener el enfrentamiento o contraposición entre la totalidad de un Derecho privado modelado desde el Estado y afectado al bien común y otras relaciones jurídicas del súbdito en el Estado; en todo caso, la eventual función de protección jurídica frente al poder público había de corresponder al núcleo iusnaturalista de aquel Derecho privado.

Todavía otro motivo impedía el éxito de los esfuerzos[111] de J. H. BOEHMER por evidenciar la íntima contradicción entre el *ius privatum,* considerado globalmente, y el *ius publicum.* El Estado, en el sistema de Derecho natural de PUFENDORF y sus seguidores, era únicamente en tanto que *societas civilis* constituida contractualmente para fines determinados, la suprema forma expresiva de las agrupaciones humanas y no diferente de estas, por lo tanto, desde la perspectiva de los principios jurídicos. Esto está especialmente claro en Christian WOLFF, que elaboraba primeramente un Derecho general de sociedades para remitirse luego a él a lo largo de sus consideraciones sobre el Derecho político[112]. De tal manera, el enfrentamiento entre lo público y lo privado — entre, por ejemplo, las *personae publicae* y las *personae privatae,* entre las *societates publicae* y las *societates privatae,* entre los *negotia publica* y los *negotia privata*— evidenciaba exclusivamente, con mayor intensidad incluso que la literatura jurídico-política, el significado de una simple referencia a diferentes contextos funcionales, a la distinción, por ejemplo, de las actuaciones oficiales del monarca, de relevancia comunitaria, respecto de sus actos puramente per-

---

II (*De divisione iuris universalis in privatum et publicum*), en especial núms. IX y X. De modo parecido, por ejemplo, ACHENWALL, *Ius naturae,* 7.ª edic., Göttingen, 1781 (utilizado por KANT como modelo para sus lecciones de Derecho natural), §§ 87 y 208.

110 *Op. cit.,* en especial § X, nota N (comp. también notas O y P); *Pars specialis,* lib. III, cap. III, § VII. nota P; §§ VIII-XV.

111 *Pars generalis,* cap. II, § X, nota O. Toda una monografía dedicó a este bastante infecundo ensayo de delimitación Christian Ludwig SCHEID *(Iuris publici et privati convenientiam et differrentias principes...,* Frankfurt und Leipzig, 1749).

112 *Institutiones juris naturae et gentium,* Halle-Magdeburg, 1754; Derecho general de sociedades, en los §§ 836 y ss.; para la mejor satisfacción de las necesidades, etc., sería precisa la constitución de una *societas* de tipo especial: «*Societas eo fine contracta Civitas appellatur*» (§ 972). De aquí resultaba la aplicación del Derecho general de sociedades a la *societas civilis* en la medida de la inexistencia de reglas especiales; una remisión expresa a aquél se encuentra en el § 1087. PUFENDORF caracteriza a la *civitas* como «*perfectissima societas*» *(De jure naturae,* lib. VII, cap. I, § 1). Parecidamente, por ejemplo, HEINECCIUS, *Elementa juris naturae et gentium,* 4.» edic., Halle, 1758, §§ XIV, XX, XXI y XXV; §§ C y ss., en especial CCXXVII.

sonales[113], sin que el enfrentamiento de que hablamos alcanzase, por lo tanto, el carácter que hubiese podido derivarse de la atribución categorial de los distintos fenómenos jurídicos al campo de un Derecho público o de un Derecho privado entendidos como ordenamientos jurídicos esencialmente diferentes. También a la *societas privata* le incumbía el cuidado de un bien común, y sus normas internas se catalogaban como leyes[114]; también el padre detentaba un *imperium* sobre sus hijos[115]. Y, por lo demás, actuaciones oficiales del monarca, tales como el otorgamiento de privilegios, fueron interpretadas contractualmente como contratos de venta o donación, por ejemplo[116].

Del racionalismo jurídico, por todo ello, puede predicarse muy especialmente su no consideración del *ius publicum* y del *ius privatum* como dos esferas jurídicas que se excluyesen recíprocamente. Únicamente un núcleo de principios jurídicos generales relativos a las relaciones entre los hombres, núcleo construido desde perspectivas iusnaturalistas, se constituyó, como Derecho privado general relativamente independiente del Estado, en parcial contraposición respecto al poder político y a la legislación que de este emanaba en el *status civilis*, en contraposición, por consiguiente, al *ius publicum* en el sentido de Derecho del Estado establecido por la Comunidad.

V. Formas y repercusiones de la concepción dualista desde comienzos del siglo XIX

Con ocasión de la brusca transformación cultural, política y jurídica, que tiene lugar a finales del siglo XVIII y comienzos del XIX, recibe también nuevos significados la diferenciación entre Derecho público y Derecho privado, diferenciación que, junto con las demás perspectivas teoréticas tradicionales, cristaliza al fin y se agudiza en varios aspectos hasta convertirse en una divi-

113 Pufendorf, *De jure naturae*, lib. VII, cap. II, § 14, en donde básicamente se encuadran también las actuaciones orgánicas antijurídicas entre las actuaciones privadas acarreadoras de una responsabilidad exclusivamente personal; Ch. Wolff, *op. cit.*, § 1022: responsabilidad puramente privada del *rex* por sus actuaciones privadas «*iure privatorum*»; igualmente, separación entre el patrimonio privado y el patrimonio afectado a las funciones públicas, con distinto orden sucesorio.

114 J. H. Boehmer, op. *cit.*, *Pars specialis*, lib. II, cap. III, §§ XXIV y XVII, cap. IV, § XII: estatutos «acordados» con efecto de ley, si bien subordinado al de las leyes estatales, tanto de los colegios privados como de las corporaciones públicas, por ejemplo los municipios —solo con dificultades puede presentar Boehmer algunas diferencias de grado entre agrupaciones públicas y privadas (cap. IV, § IX, nota B); Ch. Wolff, op. *cit.*, §§ 836-846: cualquier *societas*, también la *societas aequalis*, tendría un *bonum commune (salus societatis)*, un *imperium* constituido contractualmente y un derecho de legislación; parecidamente, Achenwall, op. *cit.*, §§ 22 y siguientes, 32 y ss.

115 Püfendorf, *De jure naturae*, lib. VI, cap. II, § 1; cap. I, § 1; la primaria diferencia es, para Pufendorf, la existente entre el poder sobre las cosas *(dominium)* y el poder sobre las personas *(imperium)*, lib. I, capítulo I, § 19. Igualmente, por ejemplo, Ch. Wolff, op. *cit.*, prólogo, *Pars II (De dominio)* y *Pars III (De imperio, privato-publico)*.

116 J. H. Boehmer, op. *cit.*, *Pars specialis*, lib. II, cap. III, § LIX; compárese también cap. VI, § XVII: transmisión de cargos hereditarios en propiedad mediante contrato; Ch. Wolff, op. *cit.*, § 1063 (transmisión de cargos públicos mediante *pactum)*.

sión dual, aunque sin desembocar en un esquema dicotómico unitario desde su multiplicidad de sentidos. Aquí solo pueden indicarse *algunas líneas fundamentales* de esta evolución pluridimensional.

1. *AUTONOMIZACIÓN CATEGORIAL DE UN DERECHO PRIVADO INDIFERENTE A LA REALIDAD DEL ESTADO Y ASEGURAMIENTO DE LA LIBERTAD CIVIL POR OBRA DEL DERECHO POLÍTICO*

El modelo teórico del racionalismo jurídico se convierte, ahora de un modo especial, en un programa político, en parte con el fin de lograr un Derecho privado general dotado de categorías propias y distintas, básicamente ajeno a la existencia del Estado y tratado autónomamente por la legislación y la doctrina, y en parte también para consagrar un ámbito garantizado de libre actuación del individuo en la comunidad política. Ambas corrientes, en muchos aspectos superpuestas o entrelazadas, quizá puedan ser óptimamente clarificadas tomando como punto de referencia a los dos grandes codificadores de la época, Franz von ZEILLER y Carl GOTTLIEB SVAREZ.

a) ZEILLER, el inspirador fundamental del Código Civil General austríaco de 1811[117], parte, en su construcción de un sistema de Derecho privado general metodológicamente abstraído del Estado y de su orden no ya únicamente del Derecho racional clásico, sino también de la doctrina jurídica de KANT[118], lo cual proporciona a sus teorías un acento nuevo.

KANT se había servido, en principio y formalmente, de las pautas teóricas del racionalismo jurídico, con las que se hallaba familiarizado gracias a sus lecciones de Derecho natural basadas en la obra de ACHENWALL[119], pero las había fundido en una construcción doctrinal filosófica y jurídica de cuño absolutamente propio. También KANT se servía, en efecto, del estado de naturaleza como de un modelo eidético apto para desarrollar el Derecho privado, en tanto que Derecho del «tuyo» y «mío», un Derecho que, incorporándose las relaciones jurídico-familiares, resultaba independiente de la comunidad política; el Derecho privado resultaba así, por utilizar la terminología kantiana, un Derecho reconocible *a priori*. Y, sin embargo, este Derecho privado del estado de naturaleza se constituía en KANT desde un principio como un Derecho únicamente provisional, en tanto que inestable y necesitado por ello mismo de la sociedad civil —lo que es decir de la comunidad política y de sus leyes escritas, del «Derecho público» en una palabra— para obtener la seguridad de su vigencia efectiva[120]. KANT dibujaba con toda nitidez la posibilidad de una modificación *del contenido* del Derecho privado, concebido apriorísticamente y desde perspectivas iusnaturalistas, por obra del Derecho público

117 Al respecto, WIEACKER, *op. cit.*, pp. 207 y ss.

118 Comp. la expresa cita de KANT en *Das natürliche Privatrecht*, Wien, 1802, § 14, primera nota, §§ 75 y 76.

119 Sobre ello, Karl VORLÄNDER, en la *Introducción* a la obra de KANT *Metaphysik der Sitten*, 1922, impresión inalterada, Hamburg, 1954, pp. XXII y siguientes.

120 *Metaphysik der Sitten*, cit. *Einteilung der Reschtslehre*, final, *Werke* IV, p. 346; *Rechtslehre*, §§ 8, 9, 15 y 41, *Werke* IV, pp. 365, 366 y ss., pp. 374 y ss., pp. 422 y ss.

(la legislación) de la comunidad y aprobaba asimismo el que a la justicia conmutativa del Derecho privado viniese a superponerse parcialmente la justicia distributiva del Derecho público[121]; reconocía así la existencia de un Derecho público, regulador de las relaciones individuales, diferente por su *contenido* del Derecho privado. No obstante lo cual este último preservaba su sustancia incluso en la comunidad política, puesto que en ella el Derecho público limitaba su función a la garantía y fortalecimiento de las normas apriorísticas del externo «tuyo» y «mío»[122]. Ello, por lo demás, resultaba coherente con el que KANT atribuyese a la totalidad de las reglas jurídicas, incluida la legislación de la comunidad política, el cometido formal de «limitar la libertad de cada uno en la medida necesaria a la producción de las condiciones bajo las cuales pueda coexistir con la libertad de los demás conforme a una ley general»[123]. El contenido, pues, de la legislación de la comunidad política, cuya globalidad recibía en KANT la denominación de «Derecho público»[124], quedaba sujeto de tal modo al mismo criterio formal que el Derecho privado apriorístico y natural, con el que apenas si podía, en estas condiciones, entrar en contradicción relevante.

Esta precisión de contenidos y diferenciación categorial entre el Derecho público y Derecho privado[125] podía arrojar frutos muy diversos. Era factible, por una parte, la resultante de un programa jurídico-político, el programa de un ordenamiento y constitución del Estado básicamente tendentes a la conservación y protección de los ciudadanos en los derechos privados de que *a priori* disfrutaban, lo cual se actuaba mediante el reconocimiento de la igualdad y libertad de actuación civiles, la renuncia al fomento mercantilista o paternalista del bien común y la cancelación de los privilegios jurídicos estamentales. El propio KANT dejaba entrever este tipo de implicaciones[126]. La legislación de la comunidad política recibía en semejante proyecto jurídico una función que excedía de la mera garantía formal de las reglas del Derecho privado general; le incumbía también, en efecto, la producción en la comunidad de un orden público que fundamentalmente diese cuerpo a la libre actuación económica y a la igualdad civil a través, entre otras cosas, de la libertad de industria y

---

121 *Rechtslehre,* §§ 36 y 37 (jurisprudencia judicial divergente del Derecho natural como justicia distributiva del Derecho público), *Werke* IV, páginas 412 y ss.; *Rechtslehre,* 33 (posibilidad de limitación de la usucapión en el *status* civil), *Werke* IV, pp. 406 y ss.

122 *Rechtslehre,* § 41, *Werke* IV, pp. 422 y ss.

123 *Einleitung in die Rechtslehre,* §§ B, y C, *Werke* IV, pp. 336 y ss.; *Religionslehre, Werke* IV, p. 757; *Über den Gemeinspruch, Werke* VI, página 144.

124 En la división del Derecho público en el más amplio sentido (compuesto de Derecho político, Derecho internacional y Derecho del internacionalismo absoluto) aparece la legislación sobre los externos tuyo y mío en el capítulo del Derecho político; comp. *Rechtslehre,* § 48, *Werke* IV, páginas 434 y ss.

125 Respecto a la influencia de este pensamiento categorial en la doctrina de la división dual, comp. GAGNER, *Deutsche Landesreferate zum VII. Internationalen Kongress für Rechtsvergleichung,* pp. 30, 32 y ss., páginas 40 y ss.

126 Comp. *Rechtslehre,* §§ 45-47, *Werke* IV, pp. 431 y ss.; § 49 (véase, ciertamente, nota A), *Werke* IV, pp. 435 y ss.; § 52, *Werke* IV, pp. 462 y ss.; *Über den Gemeinspruch, Werke* VI, pp. 145 y ss., pp. 148, 154 y ss.; *Zum ewigen Frieden, Werken* VI, p. 204; *Anthropologie in pragmatischer Hinsicht, Werke* IV, pp. 686 y ss.

el libre tráfico del suelo, la liquidación de la administración señorial y demás privilegios estamentales, la consagración, en fin, del carácter de Derecho fundamental atribuible tanto a la libertad de desenvolvimiento personal y económico como a los derechos ciudadanos de participación política igual.

La comprensión kantiana de lo jurídico, sin embargo, podía redundar no únicamente en beneficio de un orden constitucional de carácter liberal que garantizase del modo ya visto la totalidad de la posición jurídica, pública y privada del ciudadano, sino también de la construcción doctrinaria y legislativa de un Derecho privado general independiente del Estado. Y ello por la buena razón de que si había de ocurrir que el Derecho del formal «tuyo» y «mío», una vez asumido por la preservadora legislación positiva de la comunidad política, se acomodase en lo central de su contenido a la juridicidad del ideal estado de naturaleza, entonces era perfectamente coherente con ello el que la ciencia *iustrivatista* se concentrase ante todo en la elaboración de un Derecho abstracto de las relaciones individuales, metodológicamente ajeno a la existencia del Estado y su orden público, o el que esa misma ciencia edificase un Código de Derecho privado positivo precisamente sobre tales premisas. Era también este modelo eidético, conformado a partir del individuo abstractamente igual y no desde el miembro integrado de una sociedad estamental, el que posibilitaba que los sistemas doctrinales y las codificaciones del Derecho privado ajustasen sus resultados a postulados liberales, tales como, por ejemplo, el de igualdad jurídica gracias a una abstracta igualdad en los derechos de personas, cosas y obligaciones, o el de libre tráfico económico para todos mediante el principio formalista de libertad contractual. Tales principios abstractos, sin embargo, estaban lejos de evidenciar referencias seguras y flexibles a un orden público comunitario que se acomodase a ellos. Lo cual hubo de ser causa de que, aunque el Derecho privado fuese perfeccionando conceptualmente sus reglas formales, viese desatendidas, sin embargo, sus posibles funciones jurídico-políticas, de tal manera que eventualmente habría de llegarse a considerar como un problema ajeno al Derecho privado el que a lo largo del siglo XIX, y con ayuda precisamente de la libertad contractual, resultasen amenazadas en la práctica cotidiana la libertad del tráfico económico o la igualdad jurídica a través, por ejemplo, de cárteles, monopolios o la prepotencia social de los patronos. Existía además el peligro de que este Derecho privado, precisamente por su formalismo, conservase su vigencia solo superficialmente, perdiéndola en la práctica en virtud de un eventual cambio en el ordenamiento jurídico-público de la comunidad política, en virtud, por ejemplo, de una legislación industrial o del suelo limitadora de la previa libertad. Lo que estaba pensado como normativa básica e intemporal de las relaciones jurídicas humanas podía convertirse con toda facilidad, por consiguiente, en un orden conceptual de pura apariencia.

Zeiller, en todo caso, se remitía a Kant no en lo referente a una global igualdad y libertad del ciudadano bajo un orden jurídico y constitucional liberal[127], sino en lo relativo a un Derecho privado general, abstracto y de categorías específicas, lo que le daba al mismo tiempo la oportunidad de permanecer en la tradición de la ciencia del Derecho común y de los sistemas jurídico-ra-

127 Op. *cit.*, § 22, último párrafo.

cionales. Veía la función del Derecho privado general y de su ciencia en la exposición de aquellas relaciones jurídicas de los hombres que resultaban de los principios de la Razón cuando se prescindía mentalmente del Estado, de su poder y de sus disposiciones positivas[128]. Este «Derecho privado natural» debía determinar la legislación positiva de la comunidad política y constituir el componente básico de esta, entre otras cosas, con su idea de los derechos innatos. Aquí, esto es, en lo referente a la legislación positiva, hacía su aparición en Zeiller, más acusadamente que en Kant, la necesidad de que entrasen en juego, por vía *modificativa* o complementaria, específicas reglas del «Derecho público», es decir, ciertas vinculaciones sociales y otras normas relativas a las relaciones jurídicas humanas, normas que únicamente serían necesarias dado el presupuesto del Estado tal cual o en su concreta especificidad histórica[129]. El Derecho privado general y su ciencia se veían remitidos con todo ello a un ámbito de ideal ajenidad respecto de la comunidad estatal, ámbito que, sin embargo, no lo era sin más de garantizada libertad creativa del ciudadano, y ello porque ya dentro del Derecho positivo de las relaciones de la vida, que Zeiller llamaba «Derecho privado positivo»[130], las específicas reglas de la convivencia en el Estado (Derecho público) podían desplazar a las del Derecho privado general, por mucho que este fuese considerado como normativa fundamental y modelo jurídico para el orden de las relaciones de los hombres en el Estado político.

Por todo ello, un Código civil general que se ajustase a las ideas expuestas debía adoptar como punto de partida y núcleo de su normativa, los principios relativos a los derechos reales y personales contenidos en aquel Derecho privado general concebido con independencia del Estado, pero estaba obligado simultáneamente a exponerlos a la eventualidad de posteriores intervenciones modificadoras por parte del ordenamiento de la comunidad política o a asumir en sí mismo tales modificaciones[131]. Y así, por ejemplo, la propiedad, es decir, el poder conducente «en su consideración como derecho» al dominio arbitrario sobre los objetos, quedaba sujeta a la reserva de las limitaciones legales tendentes a la conservación y fomento del bienestar general, mientras que parecidas reservas legales afectaban a los derechos naturales o a la libertad contractual[132]. A lo que se sumaban las reservas en favor de las leyes «políticas», las relativas, por ejemplo, a la prohibición de sociedades o a la

---

128 Op. *cit.*, §§ 14 y 21.

129 Op. *Cit.*, §§ 18, 24 y 90.

130 Comp. también op. *cit.*, § 18; el «Derecho privado positivo» de Zeiller es, por cierto, el equivalente aproximado de la legislación (Derecho público) relativa al externo tuyo y mío de Kant, y Zeiller los contrapone al Derecho público positivo (Derecho político y Derecho internacional), sin que quede claro el criterio de la diferenciación.

131 Preceptos que hagan referencia inmediata a la Comunidad y a su ordenamiento específico se encuentran en el Código civil general austríaco, sobre, por ejemplo, el derecho de nacionalidad (§§ 4, 28 y 33), las relaciones patrimoniales de la jefatura del Estado y de los municipios (§§ 20, 27, 286-90 y 867), la expropiación (§ 365), las limitaciones por razón de seguridad y orden públicos (§ 26) y los recursos administrativos y contenciosos (§§ 19 y 1338).

132 § 364, en conexión con § 362 (propiedad); § 17 (derechos naturales); §§ 879 y 1059 (libertad contractual).

educación religiosa de los hijos de matrimonio mixtos[133]. La posición jurídica de los ciudadanos en lo referente a sus recíprocas relaciones adquiría sus auténticos perfiles, por lo tanto, únicamente a la luz de la coexistencia del Código civil general tanto con las vinculaciones impuestas por el bien común, de que se hacía reserva en aquél, como con otras normas jurídicas especiales, tales como las contenidas, por ejemplo, en el ordenamiento sobre los precios o el suelo, normas estas que, en tanto que disposiciones específicas de una comunidad política, bien podían ser atribuidas al Derecho público, pero que, en su condición de preceptos relativos a las relaciones jurídicas entre los ciudadanos, encajaban no menos perfectamente en el Derecho privado[134]; porque precisamente fuera del abstracto Derecho privado general construido desde el iusnaturalismo, apenas resultaba factible una división categorial dualista del Derecho en público y privado. Es sintomático de ello el que Lorenz von STEIN, profesor en Viena desde 1855, al estudiar las limitaciones de interés público, por ejemplo, en materia de ferrocarriles, de la «en sí absolutamente libre determinación de la voluntad del individuo», se refiriese a ellas como a «un apartado formal del Derecho civil de la contratación» para catalogarlas inmediatamente, «dada su esencia», como de Derecho público[135]. En cualquier caso, los principios del abstracto Derecho privado general, metodológicamente sustraídos a la realidad de la comunidad política, y los hasta cierto punto también abstractos preceptos jurídicos del Código civil general podían abarcar únicamente un aspecto parcial de las relaciones jurídicas de los hombres en comunidad y eran incapaces de conformar la totalidad de dichas relaciones a la manera de un orden comunitario equilibrado y dotado de una auténtica garantía jurídica.

De una gran importancia para la orientación de la ciencia alemana del Derecho privado fue el hecho de que también SAVIGNY se mostrase partidario en último extremo, aunque desde premisas teoréticas distintas hasta cierto punto a las de ZEILLER, de una comprensión categorial del Derecho privado que lo aislaba metodológicamente del dato real de la comunidad política[136]. Cierto que veía al Derecho privado bajo la influencia del Estado y como conjunto de reglas jurídicas eficaz solamente gracias a la organización judicial, pero no es menos cierto que, *en cuanto a su contenido,* encontraba en él un orden que, a partir de la situación de artificial ajenidad del pueblo respecto de la existencia del Estado mismo, recibía su inaprehensible latir desde la fuente constituida por sentimientos, ideas y costumbres[137]. De las pautas del racionalismo jurídico y el discurso kantiano, por consiguiente, apenas si se distinguía SAVIGNY

---

133 §§ 26 y 140.

134 El Código civil general austríaco, en su § 1, incluía en el «Derecho civil» todas las leyes sobre los derechos privados de los habitantes del Estado, pero en sus concretas remisiones a la legislación buscaba diferenciar entre leyes políticas y leyes normales relativas a los derechos privados; con ello resultaba oscura la atribución al Derecho privado o al Derecho público.

135 *Handbuch der Verwaltungslehre und des Verwaltungsrechts,* Stuttgart, 1780, pp. 178, 219 y ss.

136 Respecto a la concepción dualista de SAVIGNY, la influencia de KANT sobre él y su influjo en la dogmática jurídica, comp. GAGNER, op. *cit.,* páginas 32 y ss.

137 *System des heutigen Römischen Rechts,* Bd. 1, pp. 23 y ss.

por algo más que por la circunstancia de que en lugar de la Razón aparecía en su obra, como origen del Derecho privado, el espíritu del pueblo[138], un espíritu, sin embargo, cuya sustancia se le antojaba constituida por la ciencia del Derecho romano común. Porque SAVIGNY, teniendo en cuenta la complicación y tecnificación de las relaciones jurídicas, veía la concretización del espíritu del pueblo, en efecto, no tanto en el Derecho consuetudinario cuanto en la ciencia jurídica, mientras que, en su famosa disputa con THIBAUT, postergaba a la legislación, a la que otorgaba una función todo lo más complementaria o modificadora[139]. La precisión del contenido del Derecho privado se situaba en SAVIGNY, más de lo que acaso podría esperarse del inspirador de la escuela histórica del Derecho, en la tradición de aquella ciencia del Derecho común indiferente a todo lo nacional que en el siglo XVII había desembocado en la antítesis de un *ius publicum* de indudables referencias nacionales[140].

SAVIGNY era consciente de que un Derecho privado general tan absolutamente inspirado en la imagen modélica de un conjunto de puras relaciones individuales abstractas no podía estructurar por sí mismo un orden social de justicia, a no ser precisamente el ordenamiento de las relaciones más estrictamente personales (Derecho de familia. Pero lo cierto es que las necesarias o posibles correcciones y alternativas de carácter social, como, por ejemplo, la protección del indigente frente a un eventualmente despiadado ejercicio del Derecho de obligaciones por parte del poderoso o el aprovechamiento comunal de leñas y pastos («Allmende») se veían aquí metodológicamente sustraídas al Derecho privado y remitidas, al igual que en la obra de ZEILLER, al Derecho público[141], siendo así además que SAVIGNY tendía a conceder a tales vinculaciones sociales de carácter jurídico-público una operatividad no mayor que la que otorgaba a la legislación en general. Según esto, la ciencia del Derecho privado no constituía una doctrina total de las relaciones jurídicas del ser humano incrustado en el orden social del Estado, sino tan solo, y ello muy intencionalmente, la teoría de algunos aspectos parciales del Derecho regulador de dichas relaciones.

Todo ello abría ante la ciencia alemana del Derecho privado un camino que, si por un lado conducía al perfeccionamiento de reglas e institutos jurídicos como el negocio o la representación gracias a una técnica conceptual y sistematizadora cada vez más depurada, desembocaba por otra parte en una acusada abstracción del método respecto de cualquier orden político, económico y social, abstracción a la que, por cierto, no habría de resultar ajena la

---

138 Respecto del contenido ideético iusnaturalista de la escuela histórica, comp. WIEACKER, op. *cit.*, pp. 228 y ss.

139 *Vom Beruf unserer Zeit für Gesetzgebung und Rechtswissenschaft,* Heidelberg, 1814, en: THIBAUT und SAVIGNY, *Ein programmatischer Rechtsstreit...,* 1914, nueva edición inalterada Darmstadt, 1959, pp. 76 y ss., pp. 80 y ss., pp. 92 y ss., pp. 140 y ss.; *System des heutigen Römischen Rechts,* Bd. 1, pp. 14 y ss., pp. 38 y ss., pp. 50 y ss.

140 A ello se añade que SAVIGNY recondujo al Derecho romano clásico la ciencia del Derecho común desarrollada hasta entonces; al respecto, WIEACKER, *op. cit.*, p. 236.

141 *System, des heutigen Römischen Rechts,* Bd. 1, pp. 331, 367 y ss., páginas 370 y ss., pp. 381 y ss. Cierto que, respecto a la legislación, no trazaba SAVIGNY una frontera clara entre Derecho público (la totalidad como fin) y Derecho privado (el individuo como fin); comp. *System,* Bd. 1, p. 23; *Vom Beruf unserer Zeit,* p. 80.

circunstancia de que también el Derecho procesal se viese distanciado del Derecho privado material y asimilado por el Derecho público con más rigor de lo que hasta entonces lo había sido[142]. Cuanto más estrechamente armonizaban con las ideas liberales de la época y redundaban en provecho del orden económico del liberalismo, intencionada o reflejamente, el acento individualista y ciertos principios del abstracto Derecho privado general, como, por ejemplo, el de libertad formal en el contrato, tanto menor resultaba la necesariedad de su eventual vinculación con la globalidad del orden político y económico[143] y tanto más cerca se hallaba la ciencia del Derecho privado de la situación de tener que contentarse con el tratamiento sistemático-inmanente de sus abstractos conceptos y reglas; WINDSCHEID es el más claro ejemplo de ello[144]. El Derecho privado general, gracias a su abstracción y formalización superiores, incluso a las de la tradición del Derecho común, pudo constituirse como un instrumentario de reglas relativas al tráfico jurídico normal o litigioso que, careciendo de referencias al orden constitucional o existencial de una comunidad concreta, resultaba de fácil asimilación por parte de países extraños[145] y podía ser utilizado en el tráfico económico internacional, a cuya unificación coadyuvaba. Por otra parte, ese abstracto Derecho privado se exponía a perder su vigencia efectiva tan pronto como desapareciese su consciente o inconsciente consonancia con un orden liberal basado en la igualdad jurídica y la libertad económica formales, como consecuencia de una transformación de dicho orden general. Porque, precisamente, las transformaciones del orden político, económico y social provocadas, por ejemplo, por la revolución industrial y llevadas a la práctica a través de la legislación arancelaria y tributaria, la regulación jurídica del trabajo de mujeres y niños, el régimen de la edificación urbanística y de la protección del paisaje, o los cambios debidos a la aparición de cárteles y monopolios que limitaban la libre competencia, todas esas transformaciones habrían de tomar cuerpo sustancialmente con total independencia respecto del Derecho privado general. De considerarse jurídicamente relevantes, se constituían en asunto propio del Derecho público o de ámbitos jurídicos especiales de oscuro encuadramiento entre el Derecho privado general y el Derecho público general, ámbitos entre los que se conta-

142 Con apoyo en su maestro, HUGO, incluía SAVIGNY el Derecho procesal, al igual que el Derecho penal, no ya en el Derecho privado, sino en el Derecho público, de modo diferente a todavía, por ejemplo, THIBAUT, en: THIBAUT und SAVIGNY, p. 41. La evolución encontró su punto final en la monografía de WINDSCHEID sobre: *Die actio des römischen Civilrechts vom Standpunkte des heutigen Rechts,* Düsseldorf, 1856, y su estricta distinción entre la pretensión material y su actuación procesal; comp. al respecto Erik WOLF, *Grosse Rechtsdenker,* pp. 600 y ss.

143 WIEACKER habla tan pronto de una coincidencia consciente (*op. cit.,* páginas 273 y ss., pp. 279 y ss.) como de una coincidencia inconsciente (páginas 258, 280, 289 y ss.) del abstracto Derecho privado con las corrientes políticas, sobre todo con el liberalismo económico, como de una naturaleza apolítica, no interesada, ajena a la praxis vital, de ese Derecho privado (pp. 260 y 291). SAVIGNY, por ejemplo, era bastante ajeno a las ideas liberales; comp. Erik WOLF, *Grosse Rechtsdenker,* p. 507.

144 Al respecto, de un modo especialmente penetrante, Erik WOLF, *Grosse Rechtsdenker,* pp. 598 y ss., en especial p. 600 («el mundo de los conceptos jurídicos pensado en completo aislamiento respecto a su base empírica»).

145 Comp. WIEACKER, *op. cit.,* pp. 238, 291 y ss.

ba, por ejemplo, el del régimen jurídico del suelo. Fue solo una consecuencia de todo ello el que la doctrina iusprivatista dedicase tan escasa atención a aquellas modificaciones, a pesar de estar implicados en ellas, como desencadenante o víctima, algunos de los institutos y reglas del propio Derecho privado general, tal como la libertad contractual[146].

Resulta, pues, que el Derecho privado general, conscientemente apolítico en cuanto edificio doctrinal y normativo, vio peligrar su vigencia práctica por efecto de motivos precisamente políticos. No deja de ser cierto que sus abstractas reglas, concebidas con metódica omisión del dato cierto del Estado, estaban pensadas como constitutivas de un ordenamiento básico del conjunto de relaciones jurídicas del ser humano en una comunidad cuya legislación positiva había de determinar nucleicamente, ni puede olvidarse tampoco que su obligado papel, incluso si puramente aparencial, era el papel de lo permanente en medio del acelerado cambio de la legislación económica y social; pero no es menos verdad que estaban lejos de constituir una eficaz protección frente a las limitaciones de la propiedad o la libertad contractual, por ejemplo, que dicha legislación implicaba[147], entre otras cosas porque formalmente ni siquiera resultaban afectadas por ellas. De igual modo que los juristas romanos habían contribuido a la evolución de las casuísticas normas relativas a la compra-venta sin mencionar tan solo —aunque, desde luego, sin una exclusión expresa— la posibilidad de un racionamiento del pan u otras limitaciones contractuales[148], así también la pandectística del siglo XIX iba dando forma conceptual a las reglas relativas a la contratación y a la propiedad, en tanto que libre poder dispositivo de la voluntad, sin dar una acogida sistemática en el complejo normativo así conformado a las limitaciones que necesariamente afectaban a aquellos institutos jurídicos en el marco ordinamentalista de la

---

146 Sobre ello, por ejemplo, WIEAKER, op. *cit.*, pp. 261, 264; BEYERLE, *Der andere Zugang zum Naturrecht,* Deutsche Rechtswissenschaft, 4. Band (1939), páginas 19 y ss.

147 Posiblemente en un Estado federal podría desarrollarse *parcialmente* una protección del Derecho privado contra la legislación *de los Estados federales,* si la legislación sobre Derecho privado (Derecho civil) fuese de la competencia exclusiva de la Federación. Cierto que esto presupondría la existencia de un concepto especial de competencia en materia de Derecho privado, conforme al cual este, a diferencia de lo preconizado por la teoría del abstracto Derecho privado general, estuviese protegido *en su contenido* frente al Derecho público o, al menos, frente a una legislación jurídico-pública que afectase a su sustancia. Un concepto de este tipo de competencia para el Derecho privado tomó cuerpo, sobre todo, en Suiza, aunque no en consonancia con el sentido original del Código Civil de este país, con la finalidad de poner un dique a la legislación económica y social de los cantones; comp. Hans HUBER, *Berner Kommentar zum ZGB,* Bd I/1, art. 6, Rdnr. 10 ss., cuyos complicados esfuerzos delimitadores evidencian, sin embargo, que el Derecho privado y el Derecho público, ni siquiera como criterios de competencia, admiten una rígida diferenciación dualista. Más adelante se tratará la situación jurídica a que da lugar el art. 74, núm. 1, de la Ley Fundamental alemana.

148 Al respecto SCHULZ, *Prinzipien des Römischen Rechts,* p. 20. Sobre la correspondiente relación del Derecho común con el Derecho económico y social de las ordenanzas de policía entre 1500 y 1800, comp. SCHMELZEISEN, *Polizeiordnungen und Privatrecht,* pp. 15 y 55 y passim.

comunidad política concreta. Cuando OTTO VON GIERKE[149] y ANTON MENGER[150] exigían, a este respecto, que se incluyesen en el Código civil y en la perspectiva de la ciencia iusprivatista las vinculaciones sociales eventualmente imprescindibles, estaban reclamando una ruptura con la formalización metodológica del Derecho privado general y el tránsito a la comprensión del mismo como un Derecho propio no ya de no importa qué relaciones individuales concebidas con abstracción del Estado, sino de la estructura real de las relaciones personales y económicas de los súbditos en la comunidad política. Pero un ordenamiento de este tipo, tal como ya existía, por ejemplo, en el régimen jurídico de la minería o las explotaciones agrarias, o como llegaría a existir más tarde en el Derecho del trabajo o de la economía, apenas resultaba accesible a la categorial división dualista del Derecho en privado y público[151]; esta dicotomía, efectivamente, se alimentaba, sobre todo, de la contraposición jurídico-racionalista entre las abstractas «partes generales» y fracasaba casi inevitablemente en sus intentos por abarcar a los ordenamientos sectoriales o «partes especiales». GIERKE estaba muy cerca de comprender esta realidad cuando exponía críticamente que el «puro» Derecho privado se desenvolvía con lógica brillantez en el trillado campo del Derecho civil común del proyectado BGB, mientras que multitud de leyes especiales, de carácter político-social, por ejemplo, daban cabida a un «Derecho privado entreverado de Derecho público y enturbiado por el Derecho público»[152].

b) La alternativa —la que podía ofrecer una idea del Derecho privado que lo conceptuase como orden efectivo y sancionable de la existencia civil en la comunidad política sin separarlo categorialmente del Derecho público— encuentra acentos relevantes en SVAREZ, cuyos «escritos al príncipe heredero» evidencian, aun antes de la entrada en vigor del *Allgemeines Landrecht* prusiano, la que habría de ser inspiración básica de aquel gran código legal. SVAREZ se movía, al igual que ZEILLER, en la tradición de racionalismo jurídico de PUFENDORF y sus discípulos[153], y en su pensamiento cabría probablemente detectar también la influencia de las ideas kantianas[154]. A diferencia de lo que ocu-

---

149 *Die Soziale Aufgabe des Privatrechts,* Berlin, 1889; cit. por Erik WOLF, *Quellenbuch der Geschichte der deutschen Rechtswissenschaft,* Frank. furt/M., 1950, pp. 478 y ss., en especial pp. 486, 490, 508 y ss. El propio GIERKE negaba apasionadamente la idea de que pretendiese cancelar con ello la «aguda» contraposición entre Derecho público y privado (p. 485).

150 *Das Bürgerliche Recht und die besitzlosen Volksklassen* (1.ª edic. 1890), 3.ª edic. Tübingen, 1904.

151 Las dificultades de la categorización se hacen claras en WIEACKER, op. *cit.*, pp. 264, 318 y ss., pp. 322 y 324. Es notable que WEYR sacase de las doctrinas de MENGER la consecuencia de que el moderno Estado social exigía, en lugar de la división dualista, un sistema jurídico unitario, que él, ciertamente, entendía desde perspectivas constructivo-conceptuales, sin describirlo, por lo demás, más detalladamente (AöR, Bd. 23 [1908], pp. 529 y ss., en especial pp. 579 y ss.).

152 Op. *cit.,* pp. 488 y ss.

153 Sobre ello Erik WOLF, *Grosse Rechtsdenker,* pp. 429 y ss.; CONRAD, *Einleitung zu Svarez, Vorträge über Recht und Staat,* Köln und Opladen 1960, pp. XXI; Hans THIEME, SavZ (GA), Bd. 56 (1936), p. 226.

154 Ni los *Kronprinzenvorträge* ni los *Vorträge vor der Mittwochsgesellschaft* contienen documentación científica. Sin embargo, la doctrina finalista del Estado, por ejemplo, hace presumir, en parte, un rechazo y, en parte, una discusión con KANT (comp., por ejemplo,

rría con ZEILLER, no se dibujaba, sin embargo, en SVAREZ el cuadro jurídico y científico, de matices racionalistas, de un sistema cerrado de Derecho privado natural como normativa de relaciones individuales pensadas con abstracción del Estado, un sistema que hubiese de remitir al Derecho público cualquier tipo de vinculación social o limitación derivada del bien común.

Y, sin embargo, también en SVAREZ pueden detectarse las huellas de una concepción jurídica semejante. De tal modo que, junto a las normas penales y tributarias, distinguía las leyes civiles de las leyes de policía en un esquema en que las primeras habrían de regir las actuaciones de los súbditos concernientes a la esfera de su «tuyo» y «mío» para prescribir las leyes de policía «cómo cada uno debe ejercitar sus derechos y orientar aquellos de sus actos en sí mismos permitidos para que ni ello cause daño al Estado o al resto de los súbditos ni suponga lo mismo un obstáculo al fomento del bienestar de uno u otros»[155]. Mediante la ley de policía, escribía SVAREZ, se prohíbe al dueño de una obra privar de luces a la finca del vecino, lo que, sin embargo, estaría permitido por el «Derecho de la naturaleza»[156]. Puede comprenderse, pues, que esta yuxtaposición de leyes civiles y leyes de policía tenía su raíz ideológica en la diferenciación racionalista entre Derecho privado natural y Derecho público específicamente relativo al Estado. En el *Allgemeines Landrecht*, efectivamente, se encuentran también apuntes de una distinción entre los límites inmanentes y naturales del tráfico jurídico-privado y sus limitaciones «policiales» impuestas por la idea del bienestar general[157]. No obstante lo cual todo quedaba en apuntes; no se descubre aquí, ni puede decirse que se pretendiese, una tajante separación entre disposiciones legales civiles y de policía, porque es lo cierto que SVAREZ no entendía la distinción de las mismas en el sentido de una dicotomía radical. Está claro que vínculos jurídicos derivados de las exigencias del bien común también los encontraba nuestro autor en las leyes civiles, que en este sentido se interferían en su obra con las leyes de policía[158].

Esta diferenciación entre leyes civiles y leyes de policía pasaba a un segundo plano; sin embargo, dentro del cuadro general que SVAREZ perfilaba de un «Derecho privado» o «Derecho civil». Considerables vacilaciones terminoló-

---

Vorträge, cit., pp. 486, 639 y ss); cierto que han de tomarse en cuenta, influencias indirectas de los discípulos de KANT, al igual que la utilización de fuentes de las que también KANT se habla servido (p. ej., Rousseau), fuentes que, sin embargo, no aclaran del todo las notas de SVAREZ remitiendo a KANT. Comp. las diferentes concepciones de Erik WOLF, *Grosse Rechtsdenker*, pág. 446 y ss.; SCHEUNER, KOCH, SCHREIBER y MIKAT, en CONRAD, *Die geistigen Grundlagen des Allgemeinen Landrechts*, Köln und Opladen 1958, pp. 51 y ss.

155 *Vorträge*, pp. 230 y ss.

156 *Vorträge*, pp. 486.

157 Así, por ejemplo, § 26, I, 6 (Leyes de policía para la previsión de daños); § 82, I, 8 (Leyes de policía para la protección de vías públicas; las restantes limitaciones de propiedad del título están motivadas, en parte, por el bien común y, en parte, por el bienestar de los vecinos, sin que se procediese, porque ni siquiera era posible, a una clara atribución de aquellas a las leyes civiles o de policial.

158 Con especial claridad, *Vorträge*, pp. 588 y ss. Comp. los ajustados desarrollos de Hans THIEME, SavZ (GA), Bd. 57 (1937), pp. 366 y ss., pp. 395 y ss.; también SCHMELZEISEN, op. *cit.*, sobre la falta de clara separación del Derecho privado común y del Derecho de las ordenanzas de policía.

gicas dificultan aquí una interpretación exacta de los textos[159], pero una cosa puede afirmarse con certeza, y es ello que SVAREZ consideraba al Derecho privado o civil, casi en lo absoluto, como el conjunto de normas legales reguladoras no tan solo de las relaciones de los súbditos entre sí, sino asimismo con la comunidad, lo que equivale a decir, como un ordenamiento de la existencia válido y eficaz desde cualquier perspectiva, aunque, eso sí, siempre ajustado a las irrenunciables exigencias comunitarias[160]. Las facultades legislativas del soberano y sus limitaciones, ya analizadas por el Derecho político, recibían de parte de SVAREZ un nuevo tratamiento, esta vez en relación con el Derecho privado y desde la perspectiva del súbdito y de la garantía de sus derechos y libertades[161]. Del estado de naturaleza y del Derecho natural derivaba SVAREZ, en efecto, límites relativos que se imponían a toda legislación, límites constituidos, de un lado, por los derechos inalienables del ser humano, que únicamente podían verse afectados en situaciones de necesidad, y de otro, por la libertad natural, que el individuo enajenaba, tan solo limitadamente y en la medida exigida por los fines del Estado, al incorporarse a la sociedad civil[162]. Resulta, por lo demás, que en SVAREZ la finalidad del Estado consiste esencialmente en la protección de los derechos de un súbdito al que ha de garantizar el libre desenvolvimiento de sus energías; solo bajo estrictas condiciones se admiten aquí medidas estatales, las exigidas, sobre todo, por el servicio del bienestar general, que excedan de aquella finalidad[163]. Vemos así que SVAREZ, indiciariamente pero con toda claridad, contraponía al Estado autoritario y paternalista el cuadro de una vida civil básicamente libre y protegida por el poder público, una vida civil cuyos institutos jurídicos reducían a unidad su satisfacción simultánea de intereses individuales e intereses generales o su eficacia tanto *inter privatos* como frente al Estado. De esta idea fundamental está impregnado el *Allgemeines Landrecht,* y así su introducción, que, sobre todo, en su redacción primera, se asemeja a una declaración de derechos o su íntima vinculación, respecto por ejemplo a la propiedad, entre derechos individuales y límites impuestos por el bien común[164], o —no en último extremo— su amplia exposición de lo jurídico, una exposición que, sin rupturas internas ni separación entre Derecho público y privado, presenta ante nosotros al súbdito en sus relaciones tanto individuales como en la escala de comunidades que llega hasta la agrupación del Estado[165].

---

159 Comp., por ejemplo, la varia determinación del Derecho civil en *Vorträge,* pp. 14, 215, 247, 314, 374, 580 y 603.

160 Así, claramente, *Vorträge,* pp. 14, 374, 603 y ss., con ciertas vacilaciones en los detalles.

161 *Vorträge,* pp. 215 y ss.

162 *Vorträge,* pp. 216 y ss.

163 *Vorträge,* pp. 7 y ss., pp. 37 y ss., pp. 463 y ss., pp. 486 y ss.

164 §§ 1 s., en especial 25 s., I, 8, ALR. En §§ 190, 191, I, 8, ALR se dispone, y ello funcionalmente, que las limitaciones de la propiedad, cuando estén prescritas en aras del bien de la comunidad, solo podrán anularse con el consentimiento del Estado, y cuando se establecen en favor de personas determinadas, con el consentimiento de estas.

165 Al respecto, especialmente Hans THIEME, SavZ (GA), Bd. 57 (1937), pp. 366 y ss., pp. 395 y ss. KLEINHEYER no se ajusta completamente a la realidad, en mi opinión, cuando coloca a SVAREZ y al ALR en la línea de una «concepción atomística del Estado» (*Staat und Bürger im*

Esta versión del sistema jurídico racionalista, construida por SVAREZ y acogida en el *Allgemeines Landrecht,* tuvo su desarrollo no en la dogmática del Derecho privado, que optó por el camino de la abstracción eidética respecto del mundo de la comunidad política[166], sino en las incipientes teoría y praxis liberales del Estado. La participación estamental en la legislación, la consagración de las libertades de asociación y de opinión como Derechos fundamentales, la independencia judicial y la garantía del acceso al juez, la protección jurídica de la libertad personal y de la propiedad, la misma libertad de industria y la autoadministración municipal, todo ello debía permitir ahora la creación de un marco de libertad civil y desenvolvimiento personal que, referido sin embargo a la comunidad, asumía en su propio concepto las inexcusables vinculaciones impuestas por el bien común. Y así, WILHELM VON HUMBOLDT, que en sus *Ideas para un proyecto de fijación de las fronteras de la intervención del Estado* ensanchaba considerablemente, en 1792, aquel marco de libertad, considera a las libertades civiles como un medio para la conformación de una nación libre, por lo cual exige la adecuación de su estructura a este objetivo; de tal modo que, por ejemplo, la libertad de asociación —piensa— debía ser controlada para que la asociación misma no obtuviese un poder excesivo sobre sus miembros[167], límite este que, referido como lo estaba al logro de un cierto bienestar de la colectividad, resultaba ajeno al régimen de contratos o sociedades del abstracto Derecho privado. De modo similar, es ROTTECK el que en 1827 califica a la libertad de industria como elemento de vital importancia para las capas sociales conductoras del Estado, para, concretamente, una «numerosa clase burguesa capaz de autonomía y portadora de fines políticos», lo cual le llevaba a reclamar una limitación de la concentración empresarial mediante, entre otras cosas, la prueba de una suficiente capacitación artesanal que impidiese la degeneración de aquella clase burguesa en «un tropel de trabajadores fabriles dependientes o esclavos»[168]; el objetivo aquí no era, como puede verse, la formalista libertad contractual del Derecho privado abstracto, una libertad que podía convertirse precisamente en su ausencia por efecto de la dependencia social o económica de los más débiles, sino una libertad civil concreta y dotada de las garantías y limitaciones exigidas por la existencia en comunidad.

Así fue cómo el sistema de relaciones jurídicas, concebido en SVAREZ como una íntima unidad, se desintegró para dar paso, por un lado, a un orden con-

---

Recht..., Bonn, 1959, pp. 48 y ss.). Más bien se puede detectar en aquéllos ciertos restos de ideas estamentales, aunque, desde luego, reconducidas a una imagen racional del Estado.

166 Resulta característica la escasa comprensión que, por ejemplo, GANS logra alcanzar de la concepción jurídica básica del Derecho regional general y de la inexistencia en él de un Derecho privado metodológicamente purificado y abstracto (en *Beitrag zur Revision der Preussischen Gesetzgebung,* Bd. 1, Berlín, 1830-32, pp. 97 y ss.). Séame permitida, por lo demás, la remisión a Hans THIEME (SavZ (GA), Bd. 57 (1937), pp. 366 y ss., pp. 395 y ss.).

167 Confr. las «Ideen» en *Werke,* I, Darmstadt, 1960, pp. 91 y ss., pp. 170 y ss., para la finalidad de una nación libre también, pp. 212.

168 En ARETIN-ROTTECK, *Staatsrecht der konstitutionelle Monarchie,* 2 Bd., 1 Abt., Altenburg, 1728, pp. 280 y ss. (282), con la cual, ciertamente, continuaba siendo posible la concentración de las «fábricas» en contraposición a la de las empresas artesanales; peligro este, por tanto, aún no considerado por ROTTECK.

ceptual iusprivatista de relaciones individuales abstractas y, por el otro, a un ámbito jurídico-público de vida personal en la comunidad que, en su equilibrada armonización de libertad individual y vínculos derivados del bien común, debía ser protegido frente a eventuales agresiones e injerencias.

2. *LIMITACIÓN DE LA VÍA JUDICIAL A LOS LITIGIOS DE DERECHO PRIVADO*

Tampoco habrían de subsistir a la larga los «derechos de los privados», institución esta que todavía SVAREZ, continuador aquí de la tradición del Derecho político, concebía como una unidad llamada a conformar, juntamente con la impronta racionalista que también le era propia, su idea del Derecho privado. Tanto en SVAREZ como en el *Allgemeines Landrecht*, lo mismo la propiedad o los derechos de crédito que los derechos regalianos recibidos del príncipe constituían otros tantos «derechos de los privados», esto es, derechos privados que conservaban su valor jurídico de tales también frente al soberano y sus funcionarios y que, en principio, podían esgrimirse contra ellos ante los jueces[169]. Todavía durante las primeras décadas del siglo XIX manejaba la doctrina esta noción de unos «derechos de los privados» que debían preservar amplias posibilidades de acceso a la vía judicial ordinaria[170]. Y en este sentido es por ejemplo ROTTECK el que, coherentemente con una versión de la contradicción entre Derecho público y privado especialmente ajustada a sus diferentes significados y funciones[171], pretende la asignación al Derecho privado en sentido amplio de todas aquellas posiciones jurídicas del súbdito que, aunque nacidas de su relación con la colectividad, disfrutan de firmeza, para considerar como de Derecho público en sentido estricto únicamente los derechos revocables en cualquier tiempo por la voluntad soberana, tales, por ejemplo, los privilegios otorgados a específicos sectores de población[172]. Aproximadamente el mismo sentido tenía la disposición contenida en el parágrafo 95 de la Constitución de Württemberg de 1819, conforme al cual no había de impedirse el acceso a la vía judicial del súbdito que se creyese lesionado por un acto del poder público en un derecho privado que derivase de un título jurídico especial.

---

169 SVAREZ, Vorträge, op. *cit.*, pp. 242, en relación con p. 432 (privilegios, p. ej., un derecho de aduanas como propiedad), p. 314 (derechos mayestáticos concedidos y productores de rentas como accesibles a la vía judicial civil). Al respecto, Derecho regional general, § 80, Einl., §§ 79-82, II, 14, §§ 3-41, 17. Para más precisiones, BULLINGER, *Vertrag und Verwaltungsakt*, páginas 216 y ss.

170 Así, p. ej., FEUERBACH, *Betrachtungen über die Öffentlichkeit und Mündlichkeit der Gerechtigkeitspflege*, Bd. 2, Giessen, 1825, Einl., pp. III y ss., pp. VI y ss., pp. 6 y 8; MITTERMAIER, AcP. Bd. 2 (1829), pp. 305 y ss., pp. 328 y ss.; KLÜBER, *Öffentliches Recht des Teutschen Bundes*, 3.ª edic., 1831, § 375; H. A., ZACHARIAE, *Deutsches Staats-und Bundesrecht*, 2 edic., 2 Teil. Göttingen, 1854, §§ 147-150 (pp. 86 y ss., en especial pp. 93); PUCHTA, *Cursus der Institutionen*, Bd., 1, 5.ª edic., Leipzig, 1856, pp. 67. Lorenz v. STEIN, *Die Verwaltungslehre*, Teil 1, 1.ª y 2.ª edic. Stuttgart, 1869, nueva impresión inalterada, Aalen, 1962, pp. 445 y ss. (pp. 447 y ss.).

171 *Lehrbuch des Vernunftrechts und der Staatswissenschaften*, Bd. 1 *(Allgemeine Einleitung in das Vernunftrecht, Natürliches Privatrecht)*, Stuttgart, 1829, §§ 25-27; Bd. 2 *(Allgemeine Staatslehre)*, Stuttgart, 1830, §§ XVI, XVII, XVIII, 15 (pp. 35, 37, 40 y ss., pp. 74 y ss.).

172 Op. Cit., Bd. 1, § 27.

Y, sin embargo, es precisamente el destino que aguardaba a este precepto constitucional lo que nos ilumina sobre el cambio de sentido posterior de aquellos «derechos privados». Ya en 1829 tenía ROBERT VON MOHL por «fuera de toda duda» el que el parágrafo 95 se refiriese únicamente a los derechos concernientes a la relación de los súbditos entre sí y no a los nacidos de su relación con el poder público; a lo que añadía que el Estado podría ser llevado a los tribunales tan solo cuando hubiera actuado en una relación de Derecho privado[173]. El derecho subjetivo privado se veía constreñido, por lo tanto, en un doble sentido; por una parte, quedaba limitado al campo de las relaciones jurídicas entre particulares, como, por ejemplo, la compra-venta y la permuta, relaciones estas que no evidenciaban una referencia inmediata a la comunidad política, mientras que se excluían de su concepto los privilegios judiciales o fiscales otorgados por el príncipe. Por otra parte, se privaba al derecho subjetivo privado, en contra de lo dispuesto por la dicción literal de la constitución, de todo su valor jurídico de tal frente al Estado propiamente dicho; puesto que aquél habría de surtir ahora sus efectos propios, no ya frente al poder público, sino únicamente frente al perjuicio que los órganos del Estado pudiesen ocasionarle, tal como podría hacerlo cualquier particular, en el marco de una relación perteneciente al tráfico jurídico civil general, frente a, por ejemplo, el eventual incumplimiento del contrato de compra concluido entre el Estado y el súbdito[174]. La amplitud y unidad del primitivo concepto de los «derechos de los privados» iban dando paso, pues, a la figura de una posición subjetiva jurídico-privada como derecho que nacía de las relaciones jurídicas típicamente civiles sin una referencia relevante a la comunidad política, derecho subjetivo este que desplegaba sus efectos únicamente frente a los particulares y no frente al Estado en su actuación como tal. La vía judicial, consideradas las cosas en conjunto, quedó entonces limitada a los litigios jurídico-privados en sentido estricto, y los tribunales se vieron obligados a construir criterios conforme a los cuales pudiese decidirse en caso de duda si la relación jurídica litigiosa era de naturaleza jurídico-privada, lo cual la hacía justiciable, o si había de calificarse de jurídico-pública, para considerarse entonces como no accesible a la jurisdicción.

---

173 *Das Staatsrecht des Königreiches Württemberg.*, ed. 1, Tübingen, 1829, Bd. 1, pp. 328 y ss. (p. 331). Para los detalles concretos de la evolución apuntada en el texto confr. ANGERMANN, *Robert* v. *Mohl,* Neuwied, 1962, páginas 168 y ss.

174 Para conservar esta reliquia de la todavía en el siglo XVIII, amplia sumisión del Estado (monarca) al Derecho y a los jueces, sobre todo en los asuntos patrimoniales, no fue necesaria la ficción de un fisco, en contra de lo que llegó a aceptarse hacia finales del siglo XIX; la designación de *Fiskus* asignada al Estado en este contexto —designación, aunque no constante, sí frecuente—, conformaba una nomenclatura que «resultaba», si no perjudicial, sí innecesaria y en ningún caso jurídicamente constitutiva, una nomenclatura, en fin, explicable en términos históricos. Sobre el particular, las monografías, cada una construida con independencia de la otra, de RÜFNER, *Verwaltungsrechtsschutz in preussen, von 1749-1842* passim; y BULLINGER, *Vertrag und, Verwaltungsakt,* pp. 200 y ss., en especial pp. 219 y ss. De todo ello se deriva que el argumento de haber desaparecido hoy en día los presupuestos de la ficción del fisco (descubierta *a posteriori)* no puede desvirtuar, sino en muy escasa medida, la vigencia del Derecho privado para determinados sectores de la Administración pública.

Esta evolución, que se produjo no solamente en Württemberg, sino también, de modo similar, en Prusia y otros territorios[175], resultó de fundamental importancia para que naciese la idea de que el Derecho público y el Derecho privado constituían en general dos esferas jurídicas que se excluían absolutamente la una a la otra. Porque por vez primera recibía la distinción entre Derecho público y privado una función que hacía necesario el que se trazase una enérgica línea de separación entre ambos. Tanto la inacabada conceptualidad del Derecho romano como la diferenciación a que —con pretensiones sistematizadoras o de pedagogía jurídica y por motivos de política nacional— se procediera durante los siglos XVII y XVIII, habían admitido la existencia de interferencias, ámbitos de reglas jurídicas comunes o zonas grises de dudoso encuadramiento entre Derecho público y privado. Lo que es más, también el abstracto Derecho privado de comienzos del siglo XIX, de carácter racionalista, estaba lejos de asentarse, en su contraposición con el Derecho público, sobre una estricta división dual del ordenamiento vigente en la comunidad política, y ello porque toleraba y podía tolerar, en un ámbito intermedio de no clara calificación, regímenes especiales aplicables a las relaciones jurídico-civiles en el Estado, tales, por ejemplo, el régimen jurídico de los precios y otras limitaciones impuestas por la idea del bien común; aquí, en efecto, se trataba básicamente de realizar una selección sistemático-científica de normas jurídicas generales, reconocibles *a priori,* aplicables a las relaciones individuales o, lo que es igual, más de la construcción de un núcleo de principios para el tráfico jurídico-privado que de una nítida distribución de la totalidad de los preceptos o relaciones jurídicas entre el Derecho privado y el Derecho público. Por todo ello resultó inevitable que la diferenciación de ambas esferas jurídicas adoptase un significado nuevo al verse atribuida la función de delimitar los campos de la vía judicial y el precario recurso en vía administrativa, de la posición jurídica garantizada judicialmente y la situación de mera dependencia del prudente arbitrio administrativo o del lejano control parlamentario[176]. Puesto que dicha función trajo consigo la necesidad de atribuir al Derecho público o al Derecho privado la relación jurídica en cada caso litigiosa y la norma de que la misma derivaba, y ello sin que existiese la posibilidad de dejar sin respuesta inmediata la cuestión de la pertenencia de ciertos ámbitos jurídicos especiales a una de aquellas dos esferas del derecho, tal como todavía se había permitido hacerlo la ciencia sistematizadora del iusprivatismo.

La nueva *función procesal* de la diferenciación tenía su fundamento primario, no en consideraciones metodológicas o sistemático-científicas acerca de la *correcta* delimitación entre el Derecho público y el Derecho privado, sino en

---

175 Confr. sobre ello BULLINGER, *op. cit.,* pp. 219 y ss. Para la jurisprudencia del *Obertribunal* prusiano, vid., por ejemplo, Entsch. des Königl. OTr. Bd. 53, p. 36 *Striethorsts Archiv für Rechtsfälle,* Bd. 99, p. 135. De acuerdo con la usual fórmula delimitadora del *Oberhofgericht* de Baden (OHG-Jahrbücher, Bd. 1, p. 128), constituían los «asuntos jurídicos civiles» aquellos que «derivaban de relaciones privadas»; se consideraban jurídico-públicas, por contra, todas aquellas relaciones que, «teniendo su base exclusiva en la asociación del Estado, solo del Estado reciben y conservan su existencia». Confr., además, por ejemplo, OHG-Jahrbücher Bd. 5, pp. 1 y ss.

176 A este tipo de protección, como alternativa al control judicial, hace referencia, por ejemplo, VON MOHL, *op. cit.,* Bd. 1, pp. 451 y ss.

motivaciones político-jurídicas. Ya en la segunda mitad del siglo XVIII habían pretendido los príncipes alemanes sustraer en lo posible a su legislación y administración del control de los jueces, para limitarlo a lo relativo a sus relaciones privadas de escaso interés público[177]; en lo que progresaron no poco una vez desaparecidos el imperio y su peculiar estructura judicial.

A ayudarles en su empeño vino el principio de la separación de los poderes, que fue entendido en Francia en un comienzo como prohibición de cualquier interferencia de los tribunales en la Administración, lo cual condujo a la creación del Conseil d'Etat como órgano de control incrustado en el propio aparato administrativo, a partir de cuya práctica decisoria habría de desarrollarse poco a poco un Derecho administrativo material como ordenamiento jurídico-público diferente del Derecho general (*droit commun*)[178]. En Alemania iba cobrando forma el principio de la separación de poderes en lo tocante únicamente a la necesidad de unos tribunales independientes que se ocupasen de los asuntos civiles y criminales; pero, como tal principio, no fue capaz, en cambio, de adquirir el sentido de un dogma que acabase por completo con el control judicial de la Administración pública, sino que, modificado por la limitada acogida de que fuera objeto en la tradición del Derecho político, quedó configurado de manera tal, que el monarca y la Administración pública se vieron sometidos a la justicia por lo menos en lo relativo a sus negocios civiles, como la venta y el arrendamiento, o a sus obligaciones de indemnización en metálico, tal como las derivadas de las expropiaciones de derechos de jurisdicción[179]. De todas maneras, la pretensión de eximir a la legislación y administración pública del control de los jueces constituyó una positiva aspiración liberal, sobre todo de la primera época reformadora, cuando se trataba de cancelar el orden estamental con sus barreras y su red de privilegios en beneficio de un distinto orden civil basado en la igualdad jurídica y la libertad económica, a través, entre otras cosas, de la consagración de una libertad de industria que resquebrajase los viejos privilegios de esta esfera o la liquidación de la administración patrimonialista y de los privilegios señoriales vinculados a ella. Puesto que, de pervivir dichos privilegios en tanto que «derechos de los privados» protegidos judicialmente, existía el peligro de que los tribunales se apoyasen en ellos para impedir las reformas en curso, un temor que visiblemente incitaba a ROTTECK[180] y MOHL[181] a calificar a los privilegios como derechos «públicos» sustraídos, por esta condición suya, a la acción de los jueces. A todo ello se añadía además la voluntad de acabar con la recíproca vinculación, de tonos feudales, entre poder público y propiedad, entre

177 Confr. el apartado III de este mismo capítulo.

178 Respecto a dicha evolución en sus detalles, WALINE, *Droit administratif*, 9.ª edic., París, 1963, pp. 24 y ss., pp. 33 y ss.; DE LAUBADÈRE, Traité *élémentaire de droit administratif*, tomo I, 3.ª edic., Paris, 1963, pp. 33 y ss., pp. 324 y ss.; VEDEL, *Droit administratif*, 3.ª edic., Paris, 1964, pp. 50 y ss., paginas 52 y ss.

179 Para más detalles sobre el particular, BULLINGER, op. *cit.*, pp. 219 y siguientes.

180 *Lehrbuch des Vernunftrechts*, Bd. 1, § XXVII, p. 106.

181 *Staatsrecht des Königreiches Württemberg*, Bd. 1, pp. 332 y ss., en conexión con p. 404. A ello se añadía la concepción de MOHL, según la cual una autoridad administrativa estaba en mejores condiciones que un Tribunal para en un litigio del particular con

derechos de participación en la dirección de la comunidad política y derechos patrimoniales, para someter a unos y otros a reglas jurídicas diferentes; una justicia dotada de competencia unitaria podría mostrarse proclive, por contra, a aplicar aquí normas jurídicas iguales, introduciendo por esta vía en el ámbito del poder público ideas provenientes del patrimonialismo jurídico.

Factores de origen diverso, desde el pensamiento político del absolutismo de los príncipes hasta las aspiraciones liberal-reformadoras, coincidieron casualmente, por lo tanto, en una *alianza de carácter jurídico-político,* que perseguía la limitación del ámbito de actuación judicial en beneficio de una mayor libertad conformadora tanto de la legislación como de la administración pública. Esta meta no imponía por sí misma la exclusión de la competencia de los tribunales respecto de todo aquello que la abstracta teoría iusprivatista atribuía al campo del Derecho público. Por ejemplo, no cabe ninguna duda de que los jueces estaban capacitados para conocer de la pretensión jurídica derivada de un contrato de venta, aun cuando esta relación jurídica se hallase coloreada por la normativa relativa a los precios, ciertas prohibiciones legales u otros preceptos «políticos», considerados como «jurídico-públicos» por el Derecho privado en general[182]. Lo cual hubo de producir una *delimitación específicamente procesal* entre posiciones subjetivas jurídico-públicas, no justiciables, y jurídico-privadas, accesibles a los tribunales, delimitación esta que ni por su función ni tampoco, consiguientemente, por su contenido coincidía con la distinción categorial, elaborada desde el prisma de la objetividad normativa material entre Derecho público y privado. Como consecuencia de todo ello fue perfectamente legítimo el que los jueces acuñasen el concepto de litigio jurídico-privado desde, fundamentalmente, el punto de vista de la protección judicial, y el que posteriormente, y por el mismo tipo de consideraciones, el Tribunal Supremo del Imperio independizase al concepto de «litigio de Derecho civil», conforme al parágrafo 13 de la Ley Orgánica Judicial, de las transformaciones que iba experimentando la diferenciación teorética entre Derecho público y privado[183]. Desde luego que la rígida división dual procesalista entre posiciones subjetivas jurídico-públicas y jurídico-privadas perdió sin más algo de su interna justificación a medida que también los derechos públicos subjetivos iban siendo reconocidos como derechos plenamente eficaces sometidos al conocimiento de tribunales independientes, lo que, prescindiendo del reparto de competencias entre tribunales civiles y administrativos, implicaba una vuelta, como mínimo parcial, a la primitiva idea de los «derechos de los privados» de carácter unitario.

La división procesal de tipo dualista podría haber conservado parte de su posible sentido funcional en la medida en que hubiese logrado dar una idea

la Administración, «tomar en cuenta simultáneamente el derecho privado y el interés público en tales casos equivalentes»; para más detalles al respecto, ANGERMANN, op. *cit.*, pp. 177 y siguientes.

182 En este sentido, por ejemplo, ROTTECK en ARETIN-ROTTECK, *op. cit.*, 2, Bd., 1, Abt., pp. 204 y ss., nota 3.

183 Al respecto confr., por ejemplo, RGZ 92, 310 y ss.; RGZ 93, 79 y 203; RGZ 111, 213. Confr. también BGHZ 1 y 369 y ss.; BGHZ 3, y 162 y ss.; BACHOF, SJZ 1949, Sp. 377 y ss. (Sp. 380 y ss.); Hans J. WOF, AöR Bd. 76 (1950-51), pp. 205 y ss. (pp. 213 y ss.).

clara de las diferencias de *contenido* entre lo que catalogaba como posición jurídico-pública subjetiva y aquello otro que consideraba como posición subjetiva de Derecho privado. De hecho, hubiera estado justificado un tratamiento diverso de los derechos subjetivos en virtud de su mayor o menor referibilidad al orden político, económico o social del Estado; hubiese resultado legítima la diferenciación entre la propiedad de un simple anillo y la propiedad de una finca forestal, entre el derecho a la gestión de un pequeño taller artesanal y la titularidad de una gran empresa industrial, entre la libertad de asociación relativa a un club de bolos y la libertad de asociación respecto de los partidos políticos, entre los derechos y obligaciones de un vendedor y los propios de un patrono, entre la posición jurídica, en fin, del síndico de una quiebra y de un comisario bancario del Estado. Lo necesario aquí, sin embargo, era una diversificación matizada y gradual y no una esquemática división dual de los derechos en «públicos» y «privados», división dual que por fuerza había de exagerar unas veces y mermar otras las diferencias de contenido que aquellos derechos expresaban. No obstante lo cual podrá entenderse por lo que sigue que lo que dio su sentido a la división dualista, de que se está hablando, fue menos un análisis jurídico preciso y diferenciado que un conjunto de prejuicios valorativos contrapuestos y contradictorios.

3. *COMPRENSIÓN DE LA DISTINCIÓN COMO CONTRAPOSICIÓN SUSTANCIAL*

Nada más iniciarse el siglo XIX se extrema la división del Derecho en público y privado hasta decantarse más aún de lo que habría de hacerlo en aras de la depuración metodológica de abstractas relaciones jurídicas individuales o en función del marco ofrecido por la vía judicial. Pues lo cierto es que con la función sistemático-jurídica y procesal de la diferenciación solo en parte resultaba coherente el que el Derecho público y el Derecho privado fuesen comprendidos y explicados, desde diferentes perspectivas y con cambiantes finalidades, como realidades íntimamente contradictorias.

El que la delimitación de las dos grandes esferas jurídicas alcanzase el nivel de una auténtica contraposición de valores hubo tener su origen, si la abundante bibliografía disponible ha de manejarse con la aquí obligada simplificación, en una doble plataforma eidética. Al tiempo que la doctrina jurídica adjudica al Derecho privado una especificidad sustancial frente al Derecho público, el iuspublicista concibe a este último, a partir de su nuevo sentido en el Estado moderno, como fundamentalmente heterogéneo respecto de la normativa del Derecho privado.

a) Aclaremos ante todo, a la luz de algunos ejemplos, de qué modo y por qué vías cobra sus perfiles en el iusprivatismo la inflexión de valor a que nos estamos refiriendo.

Mientras que HUFELAND, practicando un método conceptualista y formal, indicaba y ponía a disposición del estudioso las más diferentes técnicas de distinción entre Derecho privado y público[184], introducía HUGO en la dualidad, en una cierta anticipación de posteriores corrientes del pensamiento

184 *Institutionen des gesamten positiven Rechts*, 2.ª edic., Jena, 1803, en especial §§ 160, 161, 169, 170, 173, 175, 179 y 180.

socialista[185], *valoraciones críticas de carácter social.* Contraponía el Derecho privado, en cuanto ordenamiento básicamente cuestionable de la propiedad privada extraña a la comunidad e impregnada de la nota del goce particular, al Derecho público, en tanto que ordenamiento del bienestar y la propiedad comunes[186], consideraciones estas que más tarde habrían de aparecer también en su discípulo SAVIGNY[187]. La metódica abstracción del Derecho privado general, concebido como normativa de las puras relaciones individuales, daba paso aquí, en clara tensión respecto al pensamiento del racionalismo jurídico construido desde el individuo tal cual, a un modélico orden social de lo privativo o del radical individualismo, que se contraponía a un también modélico orden público jurídico y social del *bonum commune.* Las ideas de HUGO encontraron eco en la obra de ADAM MÜLLER[188], cuya conservadora imagen del Estado, profundamente impregnada de las ideas de un anterior romanticismo que había dirigido su nostalgia a la Edad Media, se desenvolvía en decidida oposición a la teoría jurídica del racionalismo. ADAM MÜLLER era de la opinión de que «la idea de la propiedad privada absoluta y excluyente, tal como tenía por fuerza que predominar en un Derecho civil, consecuente consigo mismo, se hallaba en insalvable contradicción con la idea misma del Derecho»[189]. Criticaba el procedimiento reflexivo de «escindir de la totalidad jurídica vigente en el Estado, en primer término, un Derecho privado siempre y radicalmente incomunicado, y después, un Derecho político absolutamente encerrado en sí mismo», porque con ello se habría de desgarrar la *viva globalidad* de la existencia humana y civil en *la Nación y el Estado,* una globalidad llamada a concertar, a través de una constante y recíproca influencia, intereses privados y bien común[190].

Todo aquel que de tal modo, y por no importa qué tipo de razones, se arriesgaba a rechazar la dicotomía jurídica de lo privado y lo público, se exponía al reproche de estar tomando partido por un orden desconsolador y desprovisto de derechos privados auténticamente eficaces, un orden que

---

185 Confr. MARX, Zur *Judenfrage,* en MARX-ENGELS, *Werke,* Bd. 1, Berlín, 1957, p. 363; vid., además, ENGELS, *Der Ursprung der Familie, des Privateigentums und des Staats,* en MARX-ENGELS, *Werke,* Bd. 21, Berlín, 1962, pp. 162 y 171; PASCHUKANIS, *Allgemeine Rechtslehre und) Marxismus* (traducción del ruso), Wien-Berlin, 1929, reimpresión Frankfurt, 1966, pp. 79 y ss.; RADBRUCH, *Rechtsphilosophie,* pp. 227 y ss. Los propios argumentos de HUGO se hallaban especialmente influidos por el modelo platónico del Estado.

186 *Lehrbuch eines civilistischen Cursus,* Bd. 2, 4.ª edic., Berlín, 1819, § 93; confr. también § 94, 103 y ss., donde HUGO aceptaba, finalmente, y en virtud de todo tipo de consideraciones, la existencia del Derecho privado junto al Derecho público.

187 *System des heutigen Römischen Rechts,* Bd. 1, § 56, en especial p. 370, en que se habla de la inexistencia de «ningún componente moral» en el Derecho patrimonial, en cuanto instituto jurídico-privado al que se califica, en contraposición al Derecho de familia, de «más arbitrario y positivo».

188 Confr. *Die Elemente der Staatskunst,* Berlin, 1809, reimpresión, Jena, 1922 (Herdflamme Bd. 1), 1 Halbbd. 3 *Vorlesung* (p. 53).

189 *Op. cit.,* 13 *Vorlesung* (p. 225).

190 2 *Vorlesung* (pp. 32 y ss.), 13 *Vorlesung* (p. 260), 17 *Vorlesung* (páginas 322 y ss., p. 329). Derecho privado y Derecho político eran para Adam MÜLLER únicamente aspectos parciales de un Derecho unitario, confr. 9 *Vorlesung* (p. 180).

abandonaba al súbdito a la omnipotencia del Estado[191]. En efecto, esta pretendida equivalencia entre *Derecho privado y libertad,* que combinaba el sistema dogmático del Derecho privado con la garantía ofrecida por los «derechos de los privados», hubo de convertirse prácticamente en un *artículo de fe.* De modo que, por ejemplo, OTTO VON GIERKE, con olvido de su propio intento de despojar al Derecho privado de su carácter puramente individualista para conferirle una impronta social más acentuada, llegaba a afirmar que la «tajante contraposición fundamental» entre Derecho público y privado resultaba incuestionable, pues si el Derecho privado —tal era su discurso— dejase de considerar al individuo como un fin en sí mismo y redujese sus disposiciones a la categoría de instrumentario técnico al servicio de los fines sociales, entonces «la cristiandad habría fracasado en su empeño por evidenciar el incomparable e imperecedero valor de la existencia de cada hombre y habría sido vana la conquista histórica de las ideas de libertad y justicia»[192].

Tanto para sus enemigos como para sus partidarios constituía la división dual, en este contexto, el objeto no de desapasionadas diferenciaciones técnico-jurídicas, sino de *valoraciones en tensión.* Al igual que las nociones de bueno y malo o de bello y feo, así también las ideas de provecho propio o utilidad común, de ajenidad respecto al hecho nacional o vitalizadora coexistencia y enfrentamiento de sus miembros, de libertad del individuo abstracto o de socialización, de libertad, en fin, o coacción, esas ideas explicitaban ahora valores contradictorios, sin resultar, sin embargo, apropiadas, ni en su polaridad ni en su acogerse a las nomenclaturas «Derecho privado» o «Derecho público», para caracterizar la fisonomía *real* o los nítidos perfiles parciales de un ordenamiento jurídico y social muy concreto. Se estaba procediendo a radicalizar la oposición entre posibles aspectos singulares de un específico Derecho privado y eventuales matices propios de un determinado Derecho público mediante el simplista procedimiento de absolutizarlos al nivel de los valores puros y de identificarlos con el Derecho privado o el Derecho público por antonomasia, con lo cual, en definitiva, se extremaban las posibles diferencias parciales hasta convertirlas en globales distinciones en la esencia. El Derecho privado y el Derecho público quedaron configurados así, con un significado distinto del inherente a su diferenciación dogmática o procesal, como *modelos contrapuestos* dotados de un sentido que había de variar en función o al servicio de las diversas concepciones básicas del fenómeno jurídico.

De ciertos intentos por evidenciar menos ideológicamente una íntima contradicción sustancial entre el Derecho privado y el público, puede también decirse que únicamente abarcaban determinados aspectos de la totalidad jurídica para constituirse así en *explicaciones tan solo parciales* de la misma, cualquiera que fuese, por lo demás, la delimitación entre lo público y lo privado a que procedían. Ello puede predicarse, por ejemplo, de la extendida doctrina según la cual habría de distinguirse al hombre de la existencia particular del hombre de la existencia colectiva, para localizar luego en esta doble referencia vivencial la diferenciación técnica entre Derecho privado y Derecho públi-

191 Así ROTTECK, *Lehrbuch des Vernunftrechts,* Bd. 1, pp. 99 y ss.

192 *Die soziale Aufgabe des Privatrechts,* en Erik WOLF, *Quellenbuch,* pp. 478 y ss. (485).

co[193]. STAHL, que desarrolla exhaustivamente esta antinomia, intenta construir a partir de ella una serie de internas oposiciones de esencia entre aquellas dos esferas de lo jurídico[194], sin lograr, sin embargo, mucho más que una nueva versión terminológica de la tesis de principio dominante en su obra. Por lo demás, también él se veía obligado a registrar la presencia de principios comunes y de no pocas interferencias entre lo jurídico-público y lo jurídico-privado, con lo que acababa por conceder que «el orden moral de la vida del pueblo y la libre manifestación de la individualidad particular» se recubrían recíprocamente, «sin que los separase una frontera divisoria claramente perfilada»[195]. Las dificultades que STAHL y otros autores se planteaban no eran las propias o inherentes a la delimitación a que pueda verse obligada cualquier construcción jurídica; estaba clara, más bien, la solo parcial y muy relativa virtud explicativa de una doctrina que convertía la indiscutible tensión mayor o menor entre individuo y comunidad en radical contradicción jurídica. Porque, por ejemplo, apenas si podía pasarse por alto el dato de que elementos esenciales de la posición jurídica individual y privada del súbdito derivaban directamente de las garantías ofrecidas por los derechos fundamentales y los pilares de libertad contenidos en el Derecho constitucional y administrativo, además de por el Derecho procesal, lo que equivale a decir por una normativa catalogada en principio como de Derecho público; en este ámbito de coincidencia en los fines y de superposición en los contenidos difícilmente podía encajar con algún sentido no importa qué contradicción sustancial entre Estado e individuo, entre Derecho público y Derecho privado. Tampoco, en fin, las estructuras comunitarias llamadas a mediar entre el individuo y la comunidad propiamente política podían encontrar lugar adecuado en la dicotomía típicamente conformada a partir de ambos polos; pero de esta fatalidad, que ponía especialmente en cuestión la división dual del Derecho, hablaremos todavía en otro contexto.

b) Desde la perspectiva del Derecho público y de su ciencia, la idea de su íntima heterogeneidad respecto del Derecho privado hubo de adquirir un especial énfasis, que se debía en realidad a la generalizada pretensión de depurar al moderno Estado nacional de sus viejos restos constitucionales, componentes jurídicos, sobre todo, de carácter feudal.

Con una radicalidad más profunda que la que habían puesto de manifiesto la anterior teoría jurídica del Estado y el racionalismo jurídico, la empresa que ahora acometía el iuspublicismo consistía ni más ni menos que en la liquidación de los lazos que el Derecho feudal había establecido entre un poder público determinado en su ser por la idea del bien común y la propiedad fundiaria de utilidad privada, entre derechos de soberanía y derechos patri-

193 En este sentido, por ejemplo, WELCKER, en ROTTECK-WELCKER, *Staatslexikon*, Bd. 1, Altona, 1845, *Allg. encycl. Einleitung*, p. 60; BLUNTSCHLI, *Deutsches Staatswörterbuch*, Bd. 4, Stuttgart, und Leipzig, 1859, p. 249; O. v. GIERKE, *Die soziale Aufgabe des Privatrechts*, p. 480.

194 *Die Philosophie des Rechts*, 5.ª edic., Tübingen, 1878, reimpresión Darmstadt, 1963, Bd. 2, I. Abt. 2 Buch, pp. 300 y ss. Para el aspecto de teoría del Estado de la división dualista, también acentuado por STAHL, en especial para sus significados antifeudales, confr. a continuación bajo b).

195 Op. *cit.*, 3 Buch, p. 327, confr. también II, Abt. pp. 611 y ss.

moniales, entre cargos públicos, en fin, y actividad productiva de carácter privado. Esto explica que Haller se encontrase con una general repulsa cuando trató de perfilar la imagen del Estado monárquico a partir de limitados derechos y concretas relaciones jurídicas «privadas», en un intento de amortiguar la fuerza expansiva de un concepto de bien común, que convertía al monarca en simple titular de un cargo público y atribuía a la legislación el poder de disponer de los derechos y libertades del súbdito[196]. Stahl reprocha a Haller y a su sistema racionalista de tinte neofeudal el que combata precisamente aquello que eleva al Estado desde su condición patrimonial y de objeto del goce privado hasta la excelsitud del auténtico poder público[197]. Idéntico había de ser el sentido de la conocida crítica que después dedicaría Albrecht a la obra de Maurenbrecher, cuyo Derecho público conceptuaba al poder monárquico como derecho propio de una persona, semejante al de propiedad, lo que daba como resultado una recaída en la ahora errónea comprensión iusprivatista del viejo Derecho estatal[198]. Gönner veía en la posición jurídica del funcionario no ya una «pingüe prebenda» o una relación nacida de un contrato privado y consistente en la prestación de servicios personales a cambio de una remuneración, sino un cargo público conferido por vía de soberanía e impregnado de las tonalidades que había de recibir del patriótico cumplimiento de los deberes a él inherentes[199]. Rotteck, en fin, combatía cualquier mixtura de elementos públicos y económico-privados que pudiese deslizarse en el análisis de los derechos regalianos útiles o productivos[200], al tiempo que postulaba que los privilegios otorgados a los particulares fuesen considerados como derechos públicos especiales, revocables en cualquier momento, y no, como hasta entonces, como derechos privados dotados de firmeza jurídica[201].

En ocasiones cristalizaba incluso la idea de que el Estado ni podía ser propietario ni concluir tampoco negocios jurídico-privados[202] o gestionar regu-

---

196 *Restauration der Staatswissenschaft,* 2.ª edi., 1820 (Bd. 6, 1.ª edic., 1825), reimpresión Aalen, 1964, Bd. 1, *Vorrede,* p. XLIX, pp. 23 y ss., pp. 195 y ss., pp. 337 y ss., pp. 470 y ss., p. 479; Bd. 2, pp. 187 y ss. Por el contrario, Haller concedía a las repúblicas un bien común y un Derecho público, Bd. 6, pp. 3 y ss., pp. 48 y ss.

197 *Op. cit.,* Bd. 1, p. 560, confr. también Bd. 2, II, Abt., pp. 17 y ss., pp. 69 y ss., pp 140 y ss., p. 314, y, por otro lado, p. 126, en que Stahl, de forma no del todo consecuente, omite el expresar escrúpulos de importancia contra la compra indirecta de derechos de soberanía, resto claro de la concepción señorial del poder. Respecto a la motivación antifeudal de la diferenciación entre Derecho público y privado, desde la perspectiva marxista, confr. Paschukanis, *Allgemeine Rechtslehre und Marxismus,* pp. 11 y ss., pp. 30 y ss., pp. 116 y ss.

198 *Rezension über Maurenbrechers Grundsätze des heutigen deutschen Staatsrechts,* 1837; citado por la edición especial (reimpresión) Darmstadt, 1962, p. 11, en conexión con pp. 2 y ss. y pássim.

199 *Der Staatsdienst aus dem Gesichtspunkt des Rechts und der Nationalökonomie betrachtet,* Landshut, 1808, pp. 58 y ss., pp. 68, 72, 83 y ss. Para más detalles al respecto Bullinger, *Vertrag und Verwaltungsakt,* pp. 181 y ss.

200 En Aretin-Rotteck, *Staatsrecht der konstitutionellen Monarchie,* 2. Bd. 1, Abt., pp. 313 y ss.

201 *Lehrbuch des Vernunftrechts,* Bd. 1, pp. 106, Bd. 2, pp. 146 y ss.

202 Wilhelm v. Humboldt, *Werke* I, pp. 90 y ss., pp. 207 y ss.

larmente empresas industriales propias[203]; aquí se trataba, por un lado, de cancelar de raíz la eventualidad del conflicto entre las exigencias del bien común y ciertos intereses económicos, pero, sobre todo, de liquidar la tutela del Estado mercantilista sobre todo tipo de actividad productiva y de estabilizar una economía libre de la concurrencia en ella de una burocracia cuya prepotencia financiera resultaba excesiva.

En todos estos esbozos de reforma estaban cobrando expresión las aspiraciones de una nueva fase evolutiva del orden político, aspiraciones, sin embargo, que, como de fines limitados y concretos, hubiesen podido satisfacerse con una revisión también limitada y concreta de la tradición doctrinal del *ius publicum:* con el acabamiento más perfecto, por ejemplo, de normas jurídicas especiales aplicables a los cargos públicos y derechos de soberanía, normas que, cargando el acento sobre los deberes a ellos inherentes, impidiesen, entre otras cosas, la venta, declarada o encubierta, de aquellas funciones públicas cuyo desempeño pudiese reportar ciertos beneficios o eventuales emolumentos, con la renuncia, también, a la idea del *status* y vinculación públicos de toda propiedad inmueble o la ruptura con la conceptuación de la actividad económica como manifestación política sometida a la ilimitada inspección del Estado. El Derecho político y, aún más, el Derecho administrativo, que paulatinamente iba adquiriendo perfiles propios, estaban abocados, por lo tanto, al abandono de determinados principios que, en la nueva noción del Estado, coincidían o se entretejían demasiado íntimamente con la normativa general de la propiedad o el tráfico. Es decir, que la liquidación del orden feudal y estamental, por lo demás en modo alguno ni abrupta ni repentina, así como la relativa liberalización de una autosuficiente economía civil de adquisición y transacciones mercantiles y la conformación burocrática y racional de la organización administrativa, todos esos factores daban por resultado un recíproco extrañamiento del *ius publicum* y el *ius privatum* más acusado que el hasta entonces doctrinalmente usual. Pero, aunque el ámbito del «Derecho común», en que se interferían o entrelazaban aquellas dos esferas jurídicas, hubiese de sufrir cierta reducción, su total desaparición, sin embargo, ni siquiera era ahora necesaria. Porque hubiese bastado con modificar lo verdaderamente necesitado de reformas, tal y como, por ejemplo, lo hicieran, desde los comienzos del siglo XVIII, unos jueces ingleses que habrían de perfeccionar el pensamiento jurídico anglosajón a partir de un método de casos, método al que iban haciendo compañía reformas administrativas y legales de referencias igualmente casuísticas[204].

El que este tipo de transformación pragmática del Derecho político y administrativo no pudiese producirse, sino que, muy al contrario, se llegase a una profunda autonomización del Derecho público, considerado como algo fundamentalmente diferente del Derecho privado, eso obedeció no tan solo a la pretensión, muy propiamente racionalista, de claridad conceptual en lo sistemático-jurídico, sino también —y aquí el racionalismo jurídico nada tenía que ver— a la comprensión del Estado como un *aliud* radical respecto de las restantes agrupaciones humanas. Mientras, en la tradición iusracionalista,

203 ROTTECK, en ARETIN-ROTTECK, *op. cit.*, 2 Bd. 1 Abt., pp. 281 y ss.

204 Al respecto, detenidamente BULLINGER, *op. cit.*, pp. 114 y ss., en especial pp. 122 y ss.

ROTTECK, por ejemplo, consideraba al Estado como una sociedad más, si bien la más alta, y proponía en consecuencia un Derecho general de sociedades que se aplicase también a aquél[205], por su parte, WELCKER, coeditor del *Staatslexikon,* lo describía como comunidad viva y orgánica basada en un espíritu común y en el amor a la patria, comunidad que no había de identificarse con la «inanimada relación jurídico-privada del contrato social» de KANT o el racionalismo ni confundirse, por lo mismo, con una agrupación de participaciones privadas, renunciables en todo momento a voluntad, en una especie de sociedad aseguradora, en una institución destinada a la prevención de riesgos meramente sensibles[206]. Ideas parecidas se encuentran ya antes en la obra de ADAM MÜLLER[207], y posteriormente, por ejemplo, en las de STAHL[208], SCHMITTHENNER[209], GERBER[210] y OTTO VON GIERKE[211]. Aunque no deja de ser cierto que estas teorías contemplan a la familia u otras agrupaciones orgánicas similares como sustancialmente iguales al Estado. Y es que la dignificación y soledad del Estado nacional habían sido la obra del trascendental filosofar de HEGEL. Se oponía este en efecto, con un notable exclusivismo, a cualquier empleo de las categorías jurídico-privadas de contrato y propiedad en la comprensión de un Estado sustraído al momento de lo particular e irreductible al ámbito de las demás comunidades[212].

No obstante poderse objetar a toda esta literatura jurídica su consideración del Derecho privado desde el prisma únicamente de algunos de sus posibles aspectos parciales y concretos, tales, por ejemplo, el de la disponibilidad de la propiedad abstracta en interés particular o el de la formal libertad en la constitución y extinción de los vínculos contractuales del Derecho de obligaciones, lo que equivale a decir desde el prisma tan solo de aquellos aspectos que precisamente podían dar la imagen de la incompatibilidad del Derecho privado con los principios jurídicos del nuevo Derecho relativo al Estado, no obstante ello, lo cierto es que el Derecho público, como bandera polémica de la nueva idea del poder político, cayó fácilmente en aguda contradicción con lo que se consideraba Derecho privado por antonomasia y fue considerado, desde di-

---

205 Art. *Gesellschaft, Gesellschaftsrecht* en ROTTECK-WELCKER, *Staatslexikon,* Bd. 5, Altona, 1847, pp. 680 y ss.

206 *Das innere und äussere System der praktischen, natürlichen und römisch-christlich-germanischen Rechts, Staats-und Gesetzgebungslehre,* Bd. 1, Stuttgart, 1829, pp. 50 y ss., pp. 65 y ss.

207 Op. *cit.,* entre otras, pp. 32 y ss., 37 y 48.

208 Op. *cit.,* Bd. 2, Abt., pp. 1 y ss., p. 12.

209 *Grundlinien der Geschichte der Staatswissenschaften, der Ethnologie, des Naturrechts und der Nationalökonomie,* 2.ª edic., Giessen, 1839, páginas 4 y ss., pp. 18 y ss. *Grundlinien des allgemeinen oder idealen Staatsrechts,* Giessen, 1845, pp. 1 y ss., pp. 262 y ss., pp. 276 y ss., passim.

210 *Grundzüge eines Systems des Deutschen Staatsrechts,* 2.ª edic., Leipzig, 1869, § 1, nota 2 (pp. 1 y ss.), § 7 (pp. 19 y ss.), § 16, nota 2 (páginas 44 y ss.).

211 Confr., por ejemplo, *Die soziale Aufgabe des Privatrechts,* p. 485; *Die Grundbegriffe des Staatsrechts und die neuesten Staatsrechtstheorien,* ZGesStW. Bd. 30 (1874), reimpresión inalterada, Tübingen, 1915, pp. 110 y siguientes, p. 113.

212 *Grundlinien der Philosophie des Rechts,* Bd. 7 de *Sämtlichen Werke,* edit. por H. GLÖCKNER, 3.ª edic., Stuttgart, 1952, §§ 33 C, 155, 257 y ss.

cha contradicción, como elemento constitutivo del moderno Estado nacional, cuando no del Estado tal cual[213]. Característico de este estado de opinión es el modo en que OTTO VON GIERKE, ahora desde la perspectiva iuspublicista como antes desde la del Derecho privado, procuraba defender, casi adjurativamente, la rígida y radical contraposición de ambas esferas jurídicas: si «el Derecho público dejase de ser el orden de existencia de las colectividades más excelsas», si «en lugar de ponerse al servicio de la idea sublime de una comunidad imperecedera se rebajase hasta constituirse en instrumento de unos fines, de la totalidad o la mayoría, acordados desde la existencia de lo particular», ninguna duda entonces de que habría de derrumbarse «la grandeza del Estado tan trabajosamente lograda»[214].

4. *LA SEGREGACIÓN CATEGORIAL DEL DERECHO PÚBLICO COMO PRODUCTO DE LA CERRADA SISTEMATIZACIÓN CONCEPTUAL DEL DERECHO POLÍTICO Y ADMINISTRATIVO*

No cabe ya duda ninguna de que la pensada contraposición de esencia entre el Estado y las restantes comunidades, o entre Derecho público y privado, por mucho que fuese apagándose paulatinamente hasta apenas poderse encontrar sus huellas en algunas de las formales distinciones de concepto de la tardía doctrina liberal, en la obra de GEORG JELLINEK, por ejemplo[215], no cabe duda de que aquella contraposición, al menos en un primer momento, contribuyó de modo no despreciable al desarrollo de la idea de que tanto el Derecho político como el Derecho administrativo, que se le iba poco a poco segregando, debían construirse, en radical autonomía respecto del Derecho privado, como subsistemas de un Derecho público absolutamente peculiar. Semejante especialización categorial del Derecho público, sin embargo, dio lugar a que determinadas y concretas divergencias de contenido quedasen convertidas en contraposiciones jurídicas globales. Lo cual traía consigo un riesgo doble: por una parte, el de que la evidencia de las especialidades objetivas del Derecho político y administrativo resultase desdibujada por efecto, precisamente, de un cerrado sistema conceptual iuspublicista, cuyo sentido excedía del que hubiese podido recomendar la real trascendencia de aquellas especialidades; la amenaza, por otra parte, de que se extendiese más y más el convencimiento de que el Estado y sus órganos hubiesen de actuar tan solo conforme a un

---

213 Así, por ejemplo, en ALBRECHT, *op. cit.*, pp. 2 y ss.; O. v. GIERKE, *Das deutsche Genossenschaftsrecht*, Bd. 2, *Geschichte des deutschen Körper-Schaftsbegriffs*, Berlin, 1873, reimpresión, Darmstadt, 1954, p. 32; Georg JELLINEK. *Allgemeine Staatslehre*, 3.ª edic., Berlin, 1920, p. 409. Al respecto, críticamente, Otto BRUNNER, *Land und Herrschaft*, Brünn-München-Wien, 1942, pp. 135 y ss., con notables avances de una comprensión relativizadora y funcional de la diferenciación entre Derecho público y privado; Hans THIEME, SavZ (GA), Bd. 62 (1942), p. 57, en especial pp. 60 y ss., del mismo, art. «Deutsches Privatrecht», en *Hdwb zur deutschen Rechtsgeschichte*, 3. Lieferung, Berlín, 1966, p. 707, en parte también Emst KERN, *Moderner Staat und Staatsbegriff*, Hamburg, 1949, pp. 31 y ss., pp. 35 y ss., pp. 40 y ss.; SMEND en *Gedächtnisschrift für Walter Jellinek*, München, 1955, pp. 12 y ss., páginas 19 y siguientes.

214 *Die soziale Aufgabe des Privatrechts, op. cit.*, pp. 485.

215 Confr. op. cit., pp. 84 y ss., pp. 96 y ss., pp. 383 y ss.

Derecho público muy específico y nunca según las reglas jurídicas del tráfico y la propiedad conformadas desde el Derecho privado.

a) La circunstancia de que la doctrina iuspublicista se embarcase con armas y pertrechos en la creación de un sistema acabado de Derecho público de conceptualidad absolutamente diversa de la del Derecho privado, facilitó —ello es evidente— la toma de conciencia respecto de las peculiaridades objetivas de la comunidad política y sus relaciones jurídicas y, sobre todo, la satisfacción de las aspiraciones reformadoras subyacentes a la nueva idea del Estado. Pero también es cierto, por otra parte, que así quedaba amenazada, precisamente, la propia especificidad del Derecho político y administrativo. La fuerza misma de las cosas imponía que, hasta cierto punto, aquel acabado sistema iuspublicista solo pudiese diferenciarse del Derecho privado por su nomenclatura; porque, al no existir una elaboración cuidada y exhaustiva de las eventuales contraposiciones de contenido entre ambos, tampoco podía resultar convincente la radicalidad que se pretendía para la diferencia de sentido entre Derecho público y privado, ni aun cuando se acudiese al expediente de conformar al Derecho público como «parte general» para enfrentarlo así al abstracto Derecho privado general; en relación con las respectivas «partes especiales», de todos modos, apenas resultaba concebible una razonable división dualista de lo jurídico, tal como ya lo hemos indicado respecto del Derecho privado. Ya estaban dadas, en cualquier caso, las condiciones precisas para la aparición de la jurisprudencia de conceptos, las pautas necesarias para la construcción y tratamiento inmanentes de un aparato conceptual iuspublicista que prescindiese de plantearse la cuestión básica de si un determinado concepto jurídico-público expresaba un contenido distinto del que podía traducir un concepto equivalente acuñado acaso por la doctrina jurídica privatista. Mientras los estudiosos del Derecho político hubieron de problematizar —como en efecto tuvieron que hacerlo durante los siglos XVII y XVIII— las peculiaridades funcionales que llevaban a caracterizar como «públicos» determinados institutos, relaciones o actuaciones jurídicas, mientras la teoría se vio conducida a detectar las reglas especiales a que debían quedar sujetos dichos elementos jurídicos por motivo, precisamente, de aquella su peculiaridad funcional, todo ello en referencia, por ejemplo, a una actuación orgánica del monarca, que se diferenciaba de sus negocios personalísimos, o a un municipio que se contraponía a la sociedad mercantil, mientras esto ocurrió así, el resultado fue el de la necesaria percepción y construcción de ocasionales y limitadas especialidades objetivas, propias de la comunidad política y su superestructura jurídica. Pero esta necesariedad perdió mucho de su acuciante carácter tan pronto como el ámbito jurídico del Estado se vio reconducido más o menos esquemáticamente a un Derecho público separado y encerrado en sí mismo. Pues semejante conceptualismo jurídico-público, tan hipotéticamente peculiar, podía embotar en efecto, o al menos disminuir, la capacidad de un examen y justificación, siempre renovados, de la eventual conveniencia objetiva de reglas especiales a aplicar a la comunidad política.

Tan gigantesco esfuerzo por conseguir un sistema jurídico caracterizado por su completud difícilmente, por lo demás, podía preservar a la ciencia del Derecho público de la *vis atractiva* de la doctrina iusprivatista, que había perfeccionado a lo largo del tiempo un sistema formal estricta y exclusivamente jurídico. Lo cual era grave, porque implicaba que el Derecho político y el Derecho administrativo quedaban expuestos al efecto modélico de un método jurídico basado en conceptos abstractos y normas generales, concebidas con total omisión del existir concreto de la comunidad política. Si, pues, el Derecho público se estructuraba parecidamente y resultaba de ello un nuevo sistema de normas y conceptos formales, por fuerza debía de reproducirse también en él aquella resignada trascendencia conceptual de los datos, fenómenos y fines extrajurídicos de la comunidad real y determinada. Los elementos de la ciencia política y administrativa, contenidos hasta entonces en la doctrina del *ius publicum,* tuvieron que dejar paso, en efecto, a un método puramente jurídico, cuya perspectiva, buscadamente restringida, si era ya cuestionable respecto del Derecho privado, apenas era la adecuada, desde luego, en su aplicación a un Derecho que, como el político y administrativo, se ocupaba de los problemas del Estado. Además, poco tiempo habría de tardar en ocurrir que, dado este modelo sistemático y metodológico del Derecho privado, penetrasen también algunos de sus contenidos en el Derecho público. Cierto que de este modo se preservaría benéficamente un resto de aquello que en épocas anteriores había determinado, con toda oportunidad y como Derecho común, la confluencia de lo público y lo privado; el paralelismo metodológico, sin embargo, podía ahora ir más lejos y provocar el desdibujamiento de las especificidades objetivas del Derecho político y administrativo precisamente bajo la nomenclatura iuspublicista, con el subsiguiente predominio de las concepciones de fondo del Derecho privado.

Esta evolución está íntimamente ligada —en el campo del Derecho político primero y del Derecho administrativo en sus efectos consecutivos— a los nombres, sobre todo, de GERBER y LABAND[216]. Cierto que en GERBER cristalizan, no obstante todo su evidente apoyo sistemático y metodológico en el Derecho privado, cristalizan, digo, los deseos de reforma material de los comienzos de siglo, deseos que ahora ha integrado el programa político de una monarquía constitucional que nuestro autor contempla desde una perspectiva a todas luces conservadora, y cierto también que es intento de GERBER el diferenciar los conceptos iuspublicistas del Derecho político de los correspondientes del

216 Muy instructivo, LABAND, *Staatsrecht des Deutschen Reiches,* Bd. 1, 5.ª edic., Tübingen, 1911, prólogo a la 1.ª edic., p. VII, Georg JELLINEK, *System der subjektiven öffentlichen Rechte,* 2.ª edic., Tübingen, 1919, reimpresión Aalen, 1964, p. 4. Además, FLEINER, *Über die Umbildung zivilrechtlicher Institute durch das öffentliche Recht,* en especial p. 7; desde una «doctrina mixta», mezcla colorista de historia, política y economía nacional, habría ido creciendo la ciencia del Derecho administrativo hasta alcanzar, con apoyo en el método estrictamente jurídico del Derecho civil, «el rango de una disciplina jurídica». El fundamento de dicha metodología no se hallaba, por tanto, ni aquí ni en el Derecho privado, en la eventual aspiración liberal a una seguridad jurídica más perfecta, a través de la formalización del Derecho (no convence así FORSTHOFF, *Rechtsfragen der leistenden Verwaltung,* Stuttgart, 1959, pp. 22 y ss.; BADURA, *Verwaltungsrecht im liberalen und im sozialen Rechtsstaat,* Tübingen, 1966, pp. 10 y ss.), sino en la circunstancia de que la comprensión tradicional y abstracta de la ciencia del Derecho privado, agudizada en su formalismo a partir de KANT, fuese identificada con el pensamiento jurídico en sí mismo. Confr. al respecto Erich KAUFMANN, *Gesammelte Schriften,* Bd. 1, pp. 138 y ss. W. WILHELM, *Zur juristischen Methodenlehre im 19. Jahrhundert,* Frankfurt, 1958, pp. 146 y ss. E. W. BÖCKENFÖRDE, *Gesetz und gesetzgebende Gewalt,* Berlin, 1958, pp. 217 y ss. FORSTHOFF, *Der Staat,* Bd. 6 (1967), p. 148.

Derecho privado en base al contenido de unos y otros[217]. Pero no es menos cierto que el entusiasmo por el paralelismo metodológico trajo aquí consigo inequívocos empréstitos de derecho material, que se iban a buscar a la ciencia del Derecho privado; de manera que, por ejemplo, la comprensión del poder público como poder de voluntad corresponde indudablemente a la abstracta consideración iusprivatista de la propiedad y demás derechos patrimoniales[218]. LABAND no duda ya en absoluto a la hora de equiparar la sustancia de las relaciones jurídicas de Derecho público, la funcionarial, por ejemplo, a la de las de Derecho privado, tal la relación de empleo profesional de la economía de mercado, y ello no solo respecto de sus matices o aspectos conceptual-formales, sino también por su contenido material[219]. Otto von GIERKE, en fin, operaba más sobre los síntomas que sobre las causas cuando aprobaba los esfuerzos de LABAND por lograr una especial conceptualidad iuspublicista, reprochándole, sin embargo, el que no la hubiese construido con una especificidad suficiente ni suficientemente distinta, en los contenidos que expresaba, de la del Derecho privado[220].

El sistema de Derecho administrativo general propuesto por Otto MAYER difería del Derecho privado en su estructura conceptual jurídico-pública, pero constituía simultáneamente una construcción paralela a aquel en más de un sentido. La declaración de voluntad y el negocio jurídico del Código civil tenían aquí su equivalente en el acto administrativo, aunque este se aproximase también no poco a la sentencia judicial[221]; el derecho subjetivo privado encontraba su otro polo en el derecho subjetivo público[222]; la relación contractual de uso de una institución privada prestadora de servicios tenía su otra cara en la

217 Especialmente claro en *Über öffentliche Rechte,* Tübingen, 1852, en especial pp. 3 y ss., pp. 18 y ss., pp. 29 y ss., pp. 36 y ss., pp. 63 y ss., pp. 75 y ss. y pp. 90 y ss.

218 *Grundzüge eines Systems des Deutschen Staatsrechts,* § 1, § 2, nota 2 (pp. 3 y ss.), § 7 (pp. 19 y ss.).

219 Op. *cit.*, p. 447; al respecto, más detalladamente, BUIXINGER, *Vertrag und Verwaltungsaht,* pp. 188 y ss.

220 *Labands Staatsrecht und die deutsche Rechtswissenschaft,* Schmollers, Jb. NF. 7, Jg. (1883), pp. 1097 y ss., reimpresión Darmstadt, 1961, pp. 25 y ss., pp. 30 y ss. y pássim. Ideas parecidas ya en *Die Grundbegriffe des Staatsrechts und die neuesten Staatsrechtstheorien,* en especial, pp. 14 y ss., páginas 113 y ss.

221 *Deutsches Verwaltungsrecht,* 3.ª edic., München und Leipzig, 1924, Bd. 1, p. 101, en conexión con pp. 92 y ss. Detenidamente, KORMANN, *System der rechtsgeschäftlichen Staatsakte,* Berlin, 1910, pp. 13 y ss.

222 Op. cit., Bd. 1, pp. 103 y ss. Respecto a la evolución de las ideas acerca del Derecho público subjetivo, confr. Georg JELLINEK, *Allgemeine Staatslehre,* pp. 409 y ss., pp. 416 y ss.; su intento de cristalizar diferencias respecto del derecho subjetivo privado (loc. cit., y en *System der subjektiven öffentlichen Recht,* en su totalidad), apenas rebasa la perspectiva formal y conceptual, tanto más cuanto resulta evidente la analogía con el Derecho privado (conf., por ejemplo, *Allgemeine Staatslehre,* p. 420, nota 1). Las pretensiones objetivas de la antigua teoría jurídica del Estado, como, por ejemplo, una más débil o inexistente estabilidad de los derechos públicos (políticos) por relación a los privados, pretensiones todavía detectables en un GERBER, habían desaparecido ya detrás de una fachada conceptual que hacía peligrar la permanencia de sus efectos.

relación de utilización del establecimiento público[223]; el derecho doméstico, su equivalente en el poder del establecimiento[224]; la propiedad privada, en fin, su correlato en la propiedad pública[225]. A pesar de que Otto MAYER rechazase no únicamente la existencia de institutos jurídicos comunes a los Derechos público y privado, sino incluso cualquier analogía entre ambos[226], lo cierto es que a su cerrada conceptualidad especialmente iuspublicista solo *en parte* correspondían normas de contenido distinto a las del Derecho privado. Por ejemplo, Otto MAYER niega al contrato privado su equivalente en el Derecho público no porque por razones de orden material repudiase el libre acuerdo negocial como instrumento adecuado de una Administración inspirada en los principios del Estado de Derecho, sino por la consideración formal y conceptual de que la declaración de voluntad soberana del Estado había de imponerse siempre de modo unilateral. Por ello se limitaba a dar al contrato de Derecho público entre el Estado y el súbdito un nombre diferente, el de «acto administrativo de sumisión», sin recortar con ello, sin embargo, la posibilidad de un acuerdo jurídico constitutivo; concedía incluso que la denominación de «contrato de Derecho público» podría servir para evidenciar más claramente su paralelismo con los tipos contractuales jurídico-privados[227]. De la esquemática división dual del Derecho en público y privado no resultaba incondicionalmente, por lo tanto, un correspondiente ordenamiento de contenido especial aplicable a la Administración pública, sino, demasiado simplistamente, una reestructuración conceptual, fundamentalmente superficial, de institutos jurídico-privados en beneficio del Derecho administrativo público. Si lo que se deseaba era la creación de un Derecho especial adecuado a las notas igualmente especiales de la Administración pública, hubiera debido formularse la pregunta de hasta qué punto contrato y libertad contractual resultaban apropiados, desde la perspectiva de sus funciones efectivas, para una Administración inspirada en los principios del Estado de Derecho y la consecución de sus fines legales o extralegales, de hasta qué punto, por lo tanto, debían construirse prohibiciones contractuales, obligaciones de contratar o clausulados forzosos para determinados asuntos administrativos. Esto hubiese exigido, sin embargo, prescindir por un momento del formalismo mental imperante y configurar no tanto un superficial sistema conceptual de Derecho público cuanto los principios y metas a que hubieran de atenerse los *contenidos jurídi-*

---

223 Op. *cit.*, Bd. 2, pp. 268 y ss. (p. 269).

224 Op. *cit.*, Bd. 2, pp. 285 y ss. (p. 286). Al respecto, RÜFNER, *Formen öffentlicher Verwaltung im Bereich der Wirtschaft*, p. 116.

225 Op. *cit.*, Bd. 2, pp. 39 y ss.

226 Op. *cit.*, Bd. 1, pp. 117 y ss. Cierto que el rechazo de cualquier similitud jurídica no se mantiene con estricta coherencia; confr., por ejemplo, Bd. 1, p. 101, nota 19. Para institutos jurídicos comunes y un limitado apoyo en el Derecho privado, por ejemplo FLEINER, *Institutionen des Deutschen Verwaltungsrechts*, 8.ª edic., Tübingen, 1928, pp. 54 y ss., pp. 57 y ss.

227 AöR, Bd. 3 (1888), p. 42; *Deutsches Verwaltunsgrecht*, Bd. 1, p. 101, en conexión con p. 98. Cierto que en caso de interpretarse el acto administrativo de sumisión la Administración quedaba más libre (revocabilidad) que con una interpretación contractual, un efecto con el que Otto MAYER, dada su imagen de la Administración, al menos se conformaba gustosamente.

cos de la Administración del Estado de Derecho, una aspiración que se hallaba débilmente perfilada en Otto MAYER; las pretensiones de este, no cabe duda, se orientaban más al logro de una Administración ágil y autoritaria que a la concreción de una Administración vinculada al Derecho[228]. En todo caso, no era mucho lo que se ganaba con un simple cambio de nombre a la hora de estudiar el contrato. Aunque cierto es también que menos aún contribuía en nada a la solución de los problemas objetivos planteados el que, a diferencia de lo que ocurría en la obra de Otto MAYER, recibiese el acuerdo entre Estado y súbdito la denominación de contrato de Derecho público.

El que el depósito de los efectos del preso o de los objetos retenidos en la aduana se catalogase como relación no ya jurídico-privada, sino jurídico-pública[229], el que el contrato de Derecho privado con el servicio de correos se convirtiese en un contrato jurídico-público o en una relación jurídico-pública de uso de establecimiento[230], todo ello no tenía otra consecuencia, en parte, que una modificación de nomenclatura, ya que las reglas del Derecho privado contractual continuaban vigentes en más de un aspecto, fuese inmediatamente o por analogía jurídica[231]. Hasta qué punto la construcción del Derecho administrativo y su ciencia como sistemas conceptuales autónomos de Derecho público produjo la correspondencia de sus contenidos con los del Derecho privado, lo demuestra el modélico proyecto de ordenamiento jurídico-administrativo para Württemberg, conformado en gran parte a imagen y semejanza del Código civil[232].

En la medida en que en esta construcción del Derecho administrativo en paralelismo con el Derecho privado cobraban expresión contenidos comunes a ambas esferas jurídicas; en esa medida resultaba superflua la división del Derecho en público y privado. En la medida en que surgían contenidos diferentes, su exposición bajo una esquemática nomenclatura jurídico-pública, en intrincada amalgama con elementos de tinte privatista, no los ponía suficientemente de relieve.

b) La pretensión de conceptualizar al Derecho administrativo como sistema autárquico y absolutamente acabado de Derecho público, debía conducir con toda consecuencia a la aplicación de este a la totalidad de las relaciones jurídicas de la Administración pública, incluido, por lo tanto, todo aquello que, en el seno de las relaciones de propiedad, prestaciones administrativas y suministros al Estado, había obedecido tradicionalmente a la normativa del

---

228 Confr. RÜFNER, *op. cit.*, pp. 113 y ss., p. 359.

229 RGZ 78, p. 325 (p. 327): contrato privado de depósito de la Administración de prisiones relativo a los efectos de los presos; frente a ello, RGZ 84, 388: depósito aduanero como contrato de derecho público.

230 Comenzando con la relación de servicio telefónico, RGZ 155, 333 (335), y acabando con el servicio de correos, BGHZ 20, 102 (107).

231 Así, en el caso de la relación de depósito, calificada a partir de entonces como de derecho público, se adjudicó una pretensión cuasi-contractual de indemnización de daños y perjuicios, en correspondencia a la responsabilidad derivada de un contrato privado; confr. RGZ 84, 338. Ello fue ampliado por el BGH a las «relaciones especiales del Derecho público»; confr. BGHZ 21, 214 (pp. 218 y ss).

232 Publicación Stuttgart, 1931; confr. prólogo Ziff. IV, y en especial los arts. 20-116, 188-220.

Derecho general de la propiedad y el tráfico (Derecho privado), considerado como Derecho común.

Esto explica que Otto MAYER, desde la plataforma de su modelo francés, intentase erradicar el Derecho privado del ámbito de las tareas peculiarmente administrativas para reservarle un lugar propio, en todo caso, únicamente en lo relativo al comportamiento económico-privado de la Administración pública[233]. Pero ni este intento suyo ni, sobre todo, su distinta y separada propiedad de derecho público podían imponerse radicalmente. Pues no obstante esta acentuada tendencia doctrinal a extender el Derecho público más allá de las puras relaciones de autoridad para introducirlo, por consiguiente, en el ámbito de la Administración asistencial, lo cierto es que, en un principio y conforme a una antigua tradición, el Derecho privado siguió conservando su papel de ordenamiento propio también de ciertas actividades administrativas con las que se daba cumplimiento a específicas funciones de la comunidad política; su papel, por ejemplo, de ordenamiento regulador del otorgamiento de subvenciones o de la asistencia hospitalaria. FLEINER escribía que el Derecho administrativo alemán, a diferencia del francés, tan solo parcialmente constituía, en su condición pública, la normativa propia de la Administración, pues se aplicaba a esta únicamente en la medida en que los Derechos privado, penal y procesal no bastaban a satisfacer los intereses especialmente administrativos[234]. Pero también él consideraba la vigencia del Derecho público como el principio y la del Derecho privado como una excepción[235]. Lo cual explica que Erich KAUFMANN no llegase a alcanzar una audiencia lo suficientemente generalizada para su genial afirmación de que el Derecho privado reclamaba, de acuerdo con la historia jurídica alemana, el rango de un Derecho común que, prescindiendo de los casos de actuación soberana y unilateral del poder del Estado, también había de aplicarse básicamente a la Administración pública[236]. Este llamamiento en pro de un pensamiento iusadministrativista, que se apartase de la orientación marcada por Otto MAYER, no pudo impedir ni el progreso de la pretensión de autarquía constructivo-conceptual de la doctrina del Derecho administrativo ni la tendencia, una y otra vez renovada, a contraponer el Derecho público, en cuanto ordenamiento del Estado moderno y del bien común, al Derecho privado, como orden jurídico de la libertad individual y del provecho particular y privativo, tendencia que implicaba la

---

233 *Deutsches Verwaltungsrecht*, Bd. 1, pp. 48 y ss., pp. 113 y ss., en especial p. 115 y ss. Otto MAYER respetaba la tradicional asignación que el Derecho positivo efectuaba de ciertas funciones públicas al Derecho privado, por ejemplo en el ámbito de la regulación jurídica del uso de las instituciones públicas, aun cuando sugería una reinterpretación en términos de Derecho público; confr. Bd. 2, pp. 274 y ss.

234 *Institutionen*, pp. 59 y ss.

235 Op. *cit.*, p. 60. Esta tendencia encuentra intenso eco también en, por ejemplo, GIACOMETTI; cinfr. *Über die Grenzziehung zwischen Zivilrechtsund Verwaltungsrechts Instituten...* Tübingen, 1924, en especial p. 8, con una instructiva recapitulación sobre la reconversión de relaciones jurídico-administrativas a través del traspaso de su encuadramiento desde el Derecho privado al Derecho público.

236 Art. «Verwaltung, Verwaltungsrecht», en especial pp. 77, 104 y ss., pp, 107 y ss., pp. 120 y ss., pp. 123 y ss., pp. 133 y ss. El autor agradece a este artículo valiosísimos estímulos y puntos de partida para la presente investigación.

cimentación político-jurídica de aquel Derecho público[237]; lo que así quedaba preservado, en todo caso, era la inclinación, alimentada desde aquellos dos puntos de partida, a considerar al Derecho privado como sustancialmente inapropiado para la Administración pública y, especialmente también, para la Administración de prestaciones. Surtían así sus efectos, una vez tras otra, los esfuerzos por calificar de jurídico-públicas ciertas relaciones administrativas, como, por ejemplo, las relaciones del servicio de correos, no obstante su similitud evidente con las correspondientes relaciones jurídicas de la economía privada[238]. En tiempos posteriores se sumó a todo ello la tendencia a degradar la sumisión de la Administración al Derecho general del tráfico, que permitía una mayor libertad de actuación, bajo el *leit motiv* de la «huida al Derecho privado»[239], y a preconizar, por lo mismo, una mayor vinculación al Derecho público de, sobre todo, la administración prestadora de servicios, lo cual, mediante su total sometimiento al Derecho público[240], mediante una «teoría de los dos grados»[241], o mediante un Derecho privado administrativo, que implicaba el enriquecimiento del Derecho privado con ciertos principios de actuación propios del Derecho público[242].

Al procederse así, quizá no se prestó suficiente atención al dato de que el Derecho privado general había construido, sobre la base de una valoración típica de intereses lograda a lo largo de una extensa experiencia jurídica, había construido, digo, reglas jurídicas, modélicamente simplificadas, para supuestos típicos normales o conflictivos, reglas jurídicas que posiblemente podían constituir un punto de partida aprovechable tanto para las relaciones jurídi-

---

237 Esta tendencia condujo después de 1933, en par. te, a un avance del Derecho público (confr. SCHNEUNER, JZ 1935, pp. 1462 y ss., p. 1465; MELICHAR, JBl 1948, pp. 554, 580 y ss., con la referencia a la aspiración de liberar a la Administración del control de los Tribunales civiles), pero en parte también al intento de abandonar la división dual y disolver al Derecho privado y público en el Derecho de una comunidad popular; al respecto, SCHEUNER, op. *cit.*, pp. 1464 y ss., y E. R. HUBER ZGesStW 98 (1938), pp. 310 y ss., ambos, empero, con la pretensión de distinguir en parte el Derecho privado, con el nombre de Derecho común en un sentido diferente del que aquí se da), de otras esferas jurídicas (SCHEUNER, en especial p. 1466; HUBER, pp. 316 y ss.); KUMMER, ZGesStW 104 (1944), pp. 29 y SS., pp. 59 y ss.

238 Confr. RGZ 155, 333 (335), para la relación telefónica, con ideas básicas.

239 Confr. al respecto FLEINER, *Institutionen,* p. 326; LEISNER, *Grundrechte und Privatrecht,* München, 1960, p. 200; BULLINGER, *Vertrag und Verwaltungsakt,* pp. 90 y ss., con más documentación.

240 Así, por ejemplo, GIACOMETTI, *Allgemeine Lehren des rechtssta atlichen Verwaltungsrechts,* Bd. 1, Zürich, 1960, pp. 103 y ss. (111); RUPP, JUS, 1961, pp. 59 y ss.; SCHMIDT-RIMPLER, en HaWbSozWiss, Bd. 12, pp. 686 y ss. (pp. 697 y ss.); KLECATSKY, *Wirtschaftspol. Blätter,* 1966; Wien, 1965, nr. 2, Beilage, pp. 3 y ss. (en contra, BYDLINSKI, *Wirtschaftspol. Blätter,* 1966, nr. 1, Beilage, pp. 3 y ss.); tendencialmente también, por cierto, Herbert KRÜGER, *Allgemeine Staatslehre,* pp. 323 y ss.

241 Confr. al respecto IPSEN, *Öffentliche Subventionierung Privater,* Berlin-Köln, 1956, pp. 59 y ss. (= DVB1 1956, pp. 602 y ss.); modificado en VVDSLRL Heft 25 (1967); BÜLLINGER, *op. cit.,* pp. 100 y ss.

242 Al respecto, Hans J. WOLF, *Verwaltungsrecht I,* § 23, II, b.; detenidamente y matizado, según el tipo de actividad administrativa, RÜFNER, *Formen öffentlicher Verwaltung im Bereich der Wirtschaft,* pp. 377 y 419.

cas de la Administración pública como para las equivalentes relaciones del individuo; tales, por ejemplo, las reglas básicas sobre compraventa, préstamo y enriquecimiento injusto, sobre los derechos y obligaciones de un administrador de bienes o de un gestor de negocios. En la medida en que estas normas típicas hubiesen debido ser modificadas en su aplicación a la Administración pública, dadas las especiales condiciones inherentes a esta, las exigencias, por ejemplo, impuestas a una Administración de prestaciones por el Estado de Derecho, aquello pudo haberse conseguido eventualmente, mediante una limitación de la libertad contractual en el marco del Derecho general del tráfico, mediante, por ejemplo, una obligación de contratar[243] o una prohibición de discriminaciones. Por esto es dudoso que aquellas relaciones jurídicas de la Administración pública, que por su fenomenología correspondían o se asemejaban a las relaciones del tráfico jurídico general, mereciesen, en vista de su especial condicionamiento público, verse sustraídas por completo al Derecho general del tráfico y calificadas como jurídico-públicas, o es dudoso que hubiesen debido ser atribuidas al Derecho privado y simultáneamente, a través de la construcción de un acto de autoridad previo, al Derecho público o, en fin, sometidas a una tercera categoría, a un «Derecho privado administrativo». Con la categoría intermedia del Derecho privado administrativo, sin embargo, quedaba ya abandonada la doctrina de la división dual del Derecho. Por lo cual resulta lógica, en resumidas cuentas, la cuestión de si dicha dicotomía no debería sustituirse abiertamente por una articulación diferenciadora del Derecho, que, menos esquemática, expresase mayores referencias materiales o de contenido.

5. *EL DIFÍCIL ENCUADRAMIENTO DE LA ESFERA DE LA SOCIEDAD CIVIL*

Puesto que la global división dualista del Derecho se basaba en el simplificador enfrentamiento entre individuo y Estado, era forzoso que preparase dificultades especialmente considerables al estudio de las comunidades y agrupaciones, cuya presencia podía detectarse entre el carácter absoluto de la comunidad política y el individuo, tales, por ejemplo, como gremios y sindicatos, sociedades por acciones y cooperativas, municipios y cámaras de comercio e industria.

SVAREZ y el *Allgemeines Landrecht* habían conocido únicamente diferencias de grado entre las sociedades privadas y las corporaciones que, por su utilidad común, recibían la caracterización de «públicas»[244]. En el mismo sentido, aproximadamente, se habían distinguido desde antiguo las *societates publicae* de las *societates privatae*. A partir de aquí tomó forma, a lo largo del siglo XIX,

243 Confr., por ejemplo, § 3 del *Eisenbahnverkehrs,* vom 8. 9. 1938 (RGBl II, p. 663); § 453, HGB, en su redacción por la ley de 4. 9. 1938 (RGBl I, página 1149, Ber, 1188); § 22 de la *PersonenbeförderungsG,* de 21. 3. 1961 (BGBl I, p. 241); § 21, II, de la *Luftverkehrgesetz,* en su redacción por ley de 22. 10. 1965 (BGBl I, p. 1730); § 6 de la *Energiewirtschaftsgesetz,* de 13. 12. 1935 (RGBl I, p. 1451; confr. también BGBl III, 752-1).

244 Confr. SVAREZ, *Vorträge,* pp. 46 y ss., pp. 312 y ss.; ALR, §§ 169 y siguientes, I, 17 (comunidades industriales y patrimoniales), §§ 1 y ss., pp. 22 y ss., pp. 25 y ss., 180, II, 6 (sociedades, corporaciones privilegiadas y públicas), § 19, II, 7 (municipios rurales), §§ 108, 191, II, 8 (municipios urbanos, gremios).

la diferencia estatutaria entre personas jurídicas de Derecho privado y personas jurídicas de Derecho público. Las agrupaciones supraindividuales se vieron remitidas, consiguientemente, a la esfera jurídica del individuo o a la del Estado y comprimidas, por lo tanto, en un esquema jurídico dual que impedía la comprensión de sus aspectos comunes y de sus graduales diferencias de matiz; diferencias eventualmente observables, por ejemplo, entre instituciones estatales con personalidad jurídica propia, corporaciones territoriales, cámaras corporativo-profesionales, gremios, sociedades por acciones con fines de relevancia comunitaria, cooperativas de fines sociales, partidos políticos, asociaciones de beneficencia y clubs de bolos... Se trazase donde se trazase la frontera entre agrupaciones jurídico-públicas y jurídico-privadas, en todo caso se asignaba al ámbito individual algo que, como fenómeno social, no podía ser entendido desde la perspectiva del individuo, mientras que, por otra parte, se atribuía a la esfera del Estado algo que podía reclamar con todo derecho una especificidad propia de cara a la burocracia y el gobierno políticos.

Este seccionamiento de la esfera social y su distribución entre los campos propios del individuo y el Estado había de llegar a ser tanto más cuestionable cuanto más se reconocía a aquel ámbito intermedio como algo específico, como algo ni individual ni estatal, como, en fin, la esfera de influencia de la «sociedad civil». La idea, por cierto, de una sociedad civil de este tipo venía condicionada en gran parte por la filosofía de Hegel. Entendía este por sociedad civil no, como Schlözer[245], una forma de comunidad preestatal o ajena al Estado, sino la agrupación de los hombres en el Estado, en el sentido de la *societas civilis* del racionalismo jurídico. Pero puesto que dicha *societas civiles* había sido considerada por ese racionalismo jurídico, por Kant y por la temprana doctrina liberal del Estado, como una comunidad con fines *limitados*[246], Hegel no deseaba equipararla al Estado[247] y la contraponía, por una parte, a un Estado sustraído al momento de lo particular y a la limitación de los fines

245 *Allgemeines Staatsrecht und Staatsverfassungslehre,* Göttingen, 1793, capítulo IV de la Metapolitik: *Bürgerliche Gesellschaft,* pp. 63 y ss. Schlözer se representaba a esta Sociedad civil como una situación político-constitucional real, que había durado entre los habitantes de Groenlandia, por ejemplo, hasta la llegada de los daneses, y detectaba el comienzo del Estado en el dato de la entronización de un soberano (*op. cit.,* pp. 75 y ss.). Para la doctrina del racionalismo jurídico, la *societas civilis* era normalmente, cuando se la distinguía del Estado, la asociación en este pensada con prescindencia del soberano; confr., por ejemplo, Svarez, *Vörtrage,* pp. 18 y 64, Ziff, 7, 229. Algunas discusiones más modernas sobre la cuestión de una contraposición entre Estado y Sociedad adolecen en parte del defecto de no distinguir conceptos de Sociedad tan fundamentalmente diferentes entre sí, como, por ejemplo, la *societas civilis* y la Sociedad civil de los pensadores tardíos del siglo XIX; característico de ello, por ejemplo, Heller, *Staatslehre,* Leiden, 1934, pp. 110 y ss.

246 Ya se ha hablado del pensamiento en este sentido de Pufendorf. También Kant, *Werke VI,* pp. 143 y ss. (sobre el veredicto público); W. von Humboldt, *Werke I,* pp. 63 y ss., pp. 199 y ss.; Rotteck, *Lerhbuch des Vernunftrechts,* Bd. 2, pp. 45 y ss., pp. 58 y ss.; Von Mohl, *Die Polizeiwissenschaft nach den Grundsätzen des Rechtsstaates,* Bd. 1, 3.ª edic. Tübingen, 1866, pp. 5 y ss., pp. 19 y ss.

247 Ello resulta claramente de *Grundlinien der Philosophie des Rechts,* § 155 B (Sociedad civil como Estado externo), §§ 182 y 183 (Sociedad civil como Estado de la necesidad y del entendimiento), § 258, nota: se confunde el Estado con la Sociedad civil cuando se ve su finalidad en la conservación de la propiedad y de la libertad personal).

y, por otra parte, a la esfera del individuo y la familia, sin trazar entre todas ellas, por lo demás, una separación radical[248]. Las corporaciones, la jurisdicción y la policía pertenecían en HEGEL a la Sociedad civil y a sus intereses particulares, pero constituían simultáneamente el campo de su mediación transicional con el Estado[249].

Esta función pública, esta referencia a la comunidad política, de la Sociedad civil y sus agrupaciones, cobró expresión también en pensadores posteriores, por mucho que la traída dialéctica de HEGEL hubiese de ceder paulatinamente el terreno a un rígido esquema tripartito o a un esquema dualista del Estado y la Sociedad. Lorenz von STEIN procuraba la comprensión de la Sociedad, la esfera de los particulares intereses materiales y del espíritu, desde su autonomización conceptual respecto del Estado, pero no la consideraba con omisión de la comunidad política, sino en viva relación de interdependencia con la existencia constitucional y jurídica de la misma; en el sentido, por consiguiente, de una Sociedad civil libre en el marco del Estado[250]. En consecuencia, consideraba a las agrupaciones económicas de relevancia social, tales como, por ejemplo, las cooperativas, juntamente con las corporaciones dotadas de autoadministración, tales como el municipio, como peculiares sujetos de una competencia pública, como «libre administración»[251]. Robert von MOHL reclamaba un Derecho especial de sociedades junto al Derecho político y al Derecho privado[252]. Reconocía el papel especial de las agrupaciones sociales intermedias entre el individuo y el Estado, deseaba ver constituido el parlamento a partir de ellas[253] y consideraba la posibilidad de otorgarles jurisdicción y funciones auxiliares de policía en sus asuntos propios[254]. Otto von GIERKE bus-

248 *Op. cit.*, §§ 155, 182 y ss., en conexión con §§ 41 y ss., 75 y ss., 155, 181, 257 y ss.

249 *Op. cit.*, §§ 188, 201 y ss., 217 y ss., 229, 230 y ss., 255 y ss., 288, nota, 302. Confr. al respecto Friedrich MÜLLER, *Korporation und Assoziation*, Berlin, 1965, pp. 157 y ss., pp. 187 y ss., pp. 198 y ss.

250 *Gesellschaftslehre*, 1856, reimpresión Osnabrück, 1964, en especial pp. 22, 25, 32 y 34 (pueblo como Estado intermedio entre Estado y Sociedad), p. 72 (interrelación entre órganos del Estado y fuerzas sociales); *Handbuch der Verwaltungslehre und des Verwaltungsrechts*, Stuttgart, 1870, p. 402 (Sociedad civil política basada en la igualdad y la libertad).

251 *Die Verwaltungslehre*, Teil 1, Abt. 1, p. 121; Teil 1, Abt. 2, 2.ª edic., Stuttgart, 1869; reimpresión inalterada, Aalen, 1962, pp. 3 y ss., pp. 23 y siguientes, en especial pp. 69 y ss.; Teil 1, Abt. 3, 2.ª edic., Stuttgart, 1869; reimpresión inalterada, Aalen, 1962, pp. 1 y ss., en especial pp. 115 y ss., pp. 125 y ss., pp. 144 y ss., pp. 174 y ss., pp. 194 y ss., pp. 213 y ss., pp. 229 y ss.; *Handbuch der Verwaltungslehre*, Teil 1, 3.ª edic., Stuttgart, 1887, páginas 84 y ss.; Teil 2, 3.ª edic.; Stuttgart, 1888, pp. 233 y ss. En sentido parecido, también HAENEL, *Deutsches Staatsrecht*, Bd. 1, Leipzig, 1892, pp. 134 y ss.

252 *Geschichte und Literatur der Staatswissenschaften*, Bd. 1, Erlangen, 1855, reimpresión inalterada, Graz, 1960, pp. 67 y ss., en especial pp. 88 y ss., pp. 98, 100, 102 y ss., pp. 104 y ss.; *Encyklopädie der Staatswissenschaften*, Tübingen, 1872, pp. 195 y ss. (confr. también p. 193 con nota 1, donde se incluye el Derecho social en el Derecho público en sentido amplio).

253 VON MOHL, *Das Repräsentativsystem, seine Mängel und die Heilmittel*, en *Staatsrecht, Völkerrecht und Politik*, Bd. 1, Tübingen, 1860, pp. 408 y ss., pp. 416 y ss.; confr. al respecto ANGERMANN, *op. cit.*, pp. 418 y ss.

254 *Die Polizeiwissenschaft*, Bd. 1, pp. 20 y ss., con nota 1.

caba, al igual que BÄHR[255], mostrar las afinidades del ordenamiento interno de las diversas agrupaciones y la importancia de estas, en cuanto pequeñas comunidades, en el seno de la gran comunidad del Estado[256]. Veía en ellas el ámbito adecuado de un Derecho social especial, pero persistía en la diferenciación entre corporaciones jurídico-públicas y jurídico-privadas, si bien es cierto que la caracterizaba como una disección más o menos arbitraria en la unidad del Derecho social, disección que dependía en su concreción únicamente del Derecho positivo[257].

Por cierto que el temor a que aquella esfera de la sociedad mediadora o intermedia pusiese en peligro la división dualista del Derecho en público y privado obedecía, por una parte, a la comprensión liberal del libre desarrollo de la persona, incluidas sus manifestaciones sociales, como algo tajantemente distanciado de la zona de influencia de la comunidad política, como un asunto privado básicamente sustraído al poder dispositivo de la legislación y de la administración pública. Se buscaba con ello cancelar tanto la unificación que el estamentalismo había supuesto de agrupación social y posición jurídico-pública, como la sujeción de las uniones económicas o de otro tipo al intenso poder de directiva y control del monarca y los funcionarios reales, que solo había cobrado su sentido a la luz de finalidades mercantilistas, absolutistas o de asistencia pública ahora superadas[258]. Esta impronta político-jurídica no solo jugó un papel de importancia para la distinción de las agrupaciones en jurídico-públicas y jurídico-privadas, sino que también coadyuvó a que se asociase más y más con el concepto de Sociedad civil la idea de un orden económico y social protegido contra y con pretensiones de autonomía frente al orden político del Estado. Mientras que los pensadores del temprano liberalismo político habían soñado fundamentalmente con una Sociedad soporte del Estado, con una Sociedad civil dentro del Estado, con una Sociedad política, en fin, la teoría del liberalismo tardío, en cambio, se acercaba mucho más a la imagen de una Sociedad civil como marco de un orden económico y existencial que, vivificado por diversas agrupaciones, se pensaba supranacional y ajeno al mundo del Estado político[259]. Sintomático de ello es, desde luego, el

---

255 *Der Rechtsstaat*, Kassel und Göttingen, 1864, reimpresión Darmstadt, 1963, pp. 18 y 44, en especial pp. 41 y ss.

256 *Die Genossenschaftstheorie und die deutsche Rechtsprechung*, Berlin, 1887, pp. 150 y ss., pp. 155 y ss.

257 *Op. cit.*, pp. 155 y ss., pp. 162 y ss., *Die soziale Aufgabe des Privatrechts*, cit., pp. 508 y ss.; *Deutsches Privatrecht*, Leipzig, 1895, pp. 26 y ss.

258 Al respecto, BULLINGER, *Staatsaufsicht in der Wirtschaft*, VVDStRL Heft 22 (1965), pp. 264 y ss. (pp. 275 y ss.).

259 Claramente en esta dirección, BLUNTSCHLI, en *Bluntschli-Brater, Deutsches Staats-Wörterbuch*, Bd. 4, Stuttgart und Leipzig, 1859, pp. 247 y ss. A pesar de que BLUNTSCHLI se negaba consecuentemente a reconocer un Derecho social unitario entre el Derecho público y el Derecho privado, lo cierto es que admitía escalones y transiciones graduales entre las sociedades puramente privadas y las organizaciones puramente estatales y con ello, como mínimo, una cierta equiparabilidad, en esa zona media, entre asociaciones jurídico-públicas y jurídico-privadas; confr. op. cit., pp. 249 y ss., y también *Politik als Wissenschaft*, Stuttgart, 1876, pp. 470 y ss. Para la evolución en la distinción entre Estado y Sociedad, confr. también, divergente en los detalles, Georg JELLINEK, *Allgemeine Sttatslehre*, pp. 85

cambio de sentido experimentado en el año 1870 por la institución jurídica de la sociedad por acciones, que de sociedad económica con fines públicos y de utilidad común, autorizada por el Estado y sujeta a su intenso control, pasa a ser una sociedad de capital de libre fundación, con fines libres y privados de los socios y exenta de una inspección pública de importancia[260]. Y, sin embargo, con las sociedades por acciones y con los cárteles y otras uniones empresariales, igualmente de libre fundación y para las que resultaban suficientes los instrumentos que ofrecía el abstracto Derecho privado individualista, con todo ello pronto se alcanzaron dimensiones supraindividuales de poder económico y social, dimensiones que apenas permitían entonces localizar en este campo un asunto privado tan sustraído al ámbito de influencia del Estado como la esfera vital personalísima del individuo. Lo mismo podía decirse de las agrupaciones políticas, partidos, sindicatos y agrupaciones industriales y patronales.

Por otra parte, muy difícilmente podía resultar adecuado un método consistente en identificar con el Estado, en el sentido de organización de la comunidad política global, o con su gobierno y burocracia administrativa, a las agrupaciones tipificadas como jurídico-públicas, tales, por ejemplo, los municipios o las cámaras de comercio e industria, para enfrentarlas, consiguientemente, a una Sociedad civil conceptuada con total abstracción del Estado. En la medida en que estas agrupaciones tenían atribuida su propia *autoadministración,* adoptaban una posición peculiar similar a la de las agrupaciones privadas[261]. El instituto de la autoadministración, llamado a proporcionar a la evolución jurídica alemana una orientación no poco diferente de, por ejemplo, la francesa, fue pensado en un primer momento como medio de vinculación y conciliación entre el Estado y la Sociedad civil, es decir, entre gobierno central y administración burocrática, por una parte, y esfera civil individual y particular, por otra[262]. Solo con posterioridad habría de convertirse esta comprensión de las corporaciones jurídico-públicas, dotadas de autoadministración, en la idea de una administración indirecta del Estado.

La distinción entre agrupaciones jurídico-privadas y jurídico-públicas, por lo tanto, imposibilitaba prácticamente a la larga el que se pudiese catalogar

---

y ss.; Herbert KRÜGER, *Allgemeine Staatslehre,* pp. 342 y ss.; EHMKE, en *Festgabe für Smend,* Tübingen, 1962, pp. 23 y ss.; SCHEUNER. Art. «Staat» en HdWbSozWiss, Bd. 12, p. 660; VOGEL, VVDStRL Heft 24 (1966), pp. 132 y ss.; Friedrich MÜLLERR. *Korporation und Assoziation,* pp. 320 y ss. y passim.

260 Mediante la Ley del Bund (después del Reich), de 11. 6. 1870 (BGBl, pp. 375 y 648). Para más detalles al respecto, BULLINGER, VVDStRL Heft 22, página 279, con notas 73 y 75.

261 Al respecto, BULLINGER, *op. cit.,* pp. 281 y ss., pp. 304 y ss., con nota 169.

262 FREIHERR VON STEIN en *Staatsschriften und politische Briefe,* edit. por Hans THIEME, München, 1921, pp. 55 y ss.; confr. también sus exposiciones en el «*Nassauer Denkschrift*», en *Briefe und artliche Schriften,* nueva edic. a cargo de W. HUBATSCH, 2 Bd. 1. Teil, Stuttgart, 1959, pp. 380 y ss. (pp. 389 y ss.); PREUSS, *Gemeinde, Staat, Reich als Gebietskörperschaften,* Berlin, 1889, reimpresión inalterada, Aalen, 1964, pp. 218 y ss. A esta orientación pertenece también GNEIST, *Der Rechtsstaat und die Verwaltungsgerichte in Deutschland,* 2.ª edic., Berlín, 1879, reimpresión inalterada Darmstadt, 1958, en especial pp. 279 y ss., a pesar de que pensaba menos en una autoadministración corporativa que en una vinculación de burocracia y *honoratiores* en la administración de los cargos públicos.

como algo especial, y someter así a una ordenación jurídica adecuada al ámbito peculiar y colectivo que se situaba entre el Estado y el individuo. Para ello hubiese sido necesario el descubrimiento o —para ser más exactos— el redescubrimiento de aquel ámbito como esfera específica de lo público[263]. Pero si ese ámbito había de ser estudiado de forma adecuada a su peculiaridad misma, no podía ser agregado ni al Derecho público, construido a la medida del Estado y de sus órganos, ni al Derecho privado, que tomaba como punto de partida modélico al individuo; aquí, como en ninguna otra parte, hubiere debido abandonarse por inapropiada la división dual del Derecho[264], con su encuadramiento, por ejemplo, de los sindicatos entre las asociaciones de derecho privado sin capacidad jurídica[265] o de los gremios artesanales entre las corporaciones de Derecho público[266]. Mientras se persistiese en la división dual no podía tener éxito la tarea de someter a uña matizada y adecuada regulación y críticas jurídicas a las agrupaciones políticas, económicas y sociales intermedias entre el Estado y el individuo, teniendo en cuenta para ello, por

263 Confr. la distinta comprensión de lo público en KRÜGER, *Allgemeine Staatslehre,* pp. 346 y ss., pp. 379 y ss. (asociaciones de interés público), pp. 407 y ss. (empresas de interés público), con más documentación; HESSE, VVDStRL Heft 17 (1959), pp. 41 y ss.; SMEND en *Gedächtnisschrift für Walter Jellinek,* pp. 11 y ss.; J. H. KAISER, *Die Repräsentation organisierter Interessen,* Berlín, 1956, pp. 355 y ss.; FORSTHOFF, *Die öffentliche Körperschaft in Bundesstaat,* Tübingen, 1931, pp. 10 y ss.; HABERMANS, *Strukturwandel der Öffentlichkeit,* en especial pp. 158 y ss. y pp. 243 y ss. Hermann WEBER, *Die Religionsgemeinschaften als Köperschaften des öffentlichen Rechts in System des Grundgesetzes,* Berlín, 1966, pp. 63 y ss. y 73 y ss., distingue entre lo público normativo, valorativo, en el sentido, por ejemplo, de SMEND, y sociológico (tal como aquí está enfocado); confr. al respecto QUARITSCH, NJW, 1967, p. 764. En esta línea encaja también la distinción propuesta por RIDDER entre sociedad privada, sociedad política libre y sociedad actuante como órgano del Estado (Zur *verfassungsrechtlichen Stellung der Gewerkschaften...),* Stuttgart, 1960, en especial pp. 24 y ss. y p. 29, nota 57 a).

264 Así, por ejemplo, Herbert KRÜGER, aun persistiendo en la diferenciación entre Derecho público y Derecho privado (op. *cit.,* p. 319) y pretendiendo incluso agudizarla, sin embargo, la pasa por alto en lo relativo a las asociaciones y empresas de interés público (op. *cit.,* pp. 379 y ss. y páginas 407 y ss.) y la abandona, en aras de una mayor virtud explicativa, en lo relativo a las normas de relevancia social como los convenios tarifarios o las condiciones generales negociales, en beneficio de un derecho intermedio, cuyo padrinazgo reconoce al Derecho social de GIERKE (pp. 503 y ss.). Confr., frente a ello, el intento de subsumir bajo el Derecho público y sus principios el ámbito de lo público, el de los partidos o sindicatos; por ejemplo, en HESSE, VVDStRL, Heft 17, pp. 44 y ss.; KÖTTGEN, en *Festgabe für Smend,* en especial pp. 147 y ss.; SCHEFFLER, NJW 1965, p. 849. Críticamente ahora al respecto HESSE, ZevKR Bd. 11 (1965), p. 358, con nota 58. También, por ejemplo, OSSENBÜHL, NJW 1965, p. 1561; HABERLE, DVB1 1966, páginas 216 y ss.; Hermann WEBER, *loc. cit.,* y pp. 85 y ss y 90 y ss.

265 Para esta insatisfactoria calificación, NIPPERDEY, *Gutachten zum 34. Deutschen Juristentag in Köln,* 1926, Bd. I, pp. 420 y ss., en especial pp. 435 y ss.; HAUSSLEITER, *Rechtsform der Arbeitnehmergewerkschaften* (1927), pássim; BRISCH, *Zur Rechtsstellung der deutschen Gewerkschaften,* Göttingen, 1951, pp. 42 y ss.; SCHEFFLER, op. *cit.*

266 Conforme al § 53 del *Handwerksordnung,* en su redacción de 28 de diciembre de 1965 (BGBl 1966, p. 1), mientras que el gremio agrícola es caracterizado como una «persona jurídica de Derecho privado» (§ 80 del *Handwerksordnung).* No es accidental el carácter de agrupación de intereses de los gremios, que también resulta del reconocimiento de su capacidad para concluir pactos colectivos (§ 54 Abs. 3 Ziff. 1 *Handwerksordnung*); confr. sobre ello BVerfGE 20, 312 y ss.

ejemplo, a la hora de tipificarlas escalonadamente, su magnitud y trascendencia para la comunidad, su mayor o menor independencia respecto de los órganos estatales o su estructura misma.

Capítulo III

Sentido y funciones de la distinción en el ordenamiento jurídico del presente

I. El condicionamiento histórico de la doctrina del dualismo jurídico y la oportunidad de su revisión

Los perfiles evolutivos de la distinción entre Derecho público y privado no han podido exponerse en todos sus matices ni analizarse con completitud en lo que antecede. Pero quizá el cuadro de conjunto que hasta aquí se ha esbozado haya puesto de relieve que la diferenciación no posee, en cuanto dicotomía, un valor atemporal y apriorístico respecto de cualquier marco jurídico, sino que constituye la expresión históricamente cambiante de muy diversas y encontradas aspiraciones.

Todavía en el siglo XVIII se entendía la distinción, en consonancia con el carácter concreto y limitado de sus funciones, parcialmente como un arbitrio para acotar ciertos ámbitos científicos o doctrinales y, en parte también, en el sentido de una diferencia restringida de contenidos jurídicos, diferencia que, lejos de dividir en dos la totalidad del Derecho, expresaba tan solo, en diversos contextos, contrastes objetivos y específicos entre ciertas relaciones jurídicas de la comunidad política y algunas otras de los súbditos entre sí, dejando subsistente, por lo demás, la zona de una normativa de vigencia general o *Derecho común en sentido amplio.* Tan solo en los albores del siglo XIX cobraría forma, al servicio de muy distintas finalidades y con muy diferentes sentidos, la idea de una radical división dualista de la totalidad jurídica. Ello hubo de obedecer, sobre todo, a la circunstancia de que Derecho público y privado comenzaron a ser entendidos en aquel momento histórico como categorías jurídicas singulares, a que fue entonces cuando se inició su configuración como sistemas cerrados de normas jurídicas generales y su operatividad, con un significado en cierto modo distinto, en la delimitación de la vía judicial, para verse en fin abocados, de nuevo en otro sentido, al nivel expresivo de ciertos valores contrapuestos. La variedad de aspiraciones reformadoras, muy legítimas todas ellas, a que obedecía por entonces la diferenciación entre Derecho público y privado, la pretensión, por ejemplo, de distinguir más nítidamente el poder público de la propiedad privada, el cargo público de la posición jurídica adquirida en el mercado, o la lícita esfera de actuación de la comunidad política del ámbito de libertad civil, toda esa serie de aspiraciones quedaba más bien frustrada que propiciada por la absoluta división dual de lo jurídico, por muy natural que resultase esta en aquellos momentos de pasión reformadora. El abstracto Derecho privado general no suponía por sí mismo, dada su abstracción metodológica respecto de la comunidad política, ninguna garantía eficaz para el particular, y podía convertirse fácilmente en un ordenamiento conceptual de pura apariencia o suministrar, cuando menos, los útiles formales para la creación de posiciones de poder social y económico que pusiesen en peligro la libertad. La construcción de sistemas iuspublicistas cerrados, dotados de una esquemática y unidimensional nomenclatura de Derecho público, produjo una auténtica amalgama de contenidos objetivamente especiales al Derecho político y administrativo con otros que, materialmente, no diferían en absoluto del Derecho privado, con lo que aquellas especialidades se veían expuestas al peligro de quedar difuminadas en este último, cuyo acabado sistema jurídico ya incitaba de por sí, además, a un excesivo paralelismo con sus propias formulaciones. En relación con ello se impuso la tendencia a excluir del mundo de la Administración pública al Derecho general de la propiedad y el tráfico, para sustituirlo por institutos y reglas de Derecho público, a pesar de que con ello no se cambiase gran cosa desde el punto de vista de los correspondientes contenidos jurídicos. La diferenciación entre Derecho público y Derecho privado, convertida por la ciencia y la sistemática en una división dual de lo jurídico, facilitó, por consiguiente, el triunfo de una jurisprudencia constructiva y conceptual alejada de las realidades materiales que constituían su objeto, y acabó con la posibilidad de un Derecho común, sobre cuyo fondo hubiesen podido perfilarse mucho más claramente las necesarias reglas especiales aplicables a las relaciones de la vida privada y a la Administración pública. Por lo que a la problemática de la vía judicial se refiere, la distinción, que ya de por sí difería en sus derivaciones procesales de la dogmática división dual de lo jurídico, conservó tan solo la relativamente mínima función de servir de criterio para la determinación de la competencia de diferentes tribunales una vez que quedó establecida definitivamente la solución judicial de los litigios de que era parte la Administración pública. Las diversas versiones, en fin, que veían en el Derecho público y privado la expresión de valores radicalmente contrapuestos, se alimentaban, en su mayoría, de concepciones jurídicas unilaterales y extremadas, pero abarcaban, en cualquier caso, únicamente aspectos parciales del Derecho, con lo cual no podían legitimar la global división dualista de lo jurídico. Pero ha de decirse, por encima de todo, que un ordenamiento jurídico partido en dos y basado en un simplificador enfrentamiento entre individuo y Estado, no podía ofrecer acomodo adecuado a las agrupaciones sociales, económicas y políticas localizadas entre ambos, a las sociedades por acciones, a las corporaciones artesanales, a los sindicatos y a los partidos políticos.

Sin embargo, si el exacerbamiento de la diferenciación parcial y funcional entre el Derecho público y el Derecho privado y su conversión en división dualista de lo jurídico se nos ofrecen de tal modo como el producto de una evolución coyuntural e histórica, cuyos efectos negativos resultan evidentes para el espectador de hoy en día, se impone ahora la pregunta de si dicha división dualista no debería ser objeto de una reconversión orientada a la construcción de diferenciaciones parciales dotadas de auténtica funcionalidad. Y por cierto que los presupuestos de semejante replanteamiento de la cuestión están dados de antemano en diversos aspectos.

El Derecho privado general viene siendo estudiado ya por la mayor parte de la doctrina, no como algo abstracto respecto de la comunidad política, sino

—y de ello existen exponentes de importancia— como parte del ordenamiento de dicha comunidad y con declaradas referencias a su constitución, a partir de la cual se procede luego a la reformulación conceptual misma de aquel Derecho privado[1]. Esta evolución, que es especialmente visible e intensa en el terreno del Derecho general de la personalidad[2], ha conducido a soluciones concretas que podrán ser eventualmente criticables[3], pero lo relevante es aquí, sobre todo, la exigencia de que adopte como principio la consideración de que la situación existencial del individuo en la sociedad industrial contemporánea se relaciona con el orden general político más íntimamente aún que, por ejemplo, en el siglo XIX, lo que hace que apenas pueda ya sostenerse el valor epistemológico de su conceptuación jurídica aislada. La expresión más completa de ello la encontramos más allá del marco del Derecho privado general, particularmente en el Derecho de la economía. Las normas relativas a la concurrencia económica y a la protección jurídica de la propiedad industrial, las medidas referentes a los cárteles y a las empresas dominadoras del mercado, la protección aduanera y las limitaciones a la importación, la política monetaria y de precios, las subvenciones abiertas o encubiertas, los estímulos y obstáculos de carácter fiscal, entre otras muchas cosas, crean una serie de presupuestos que dificultan el que la actividad económica que los toma como base pueda ser entendida totalmente como actividad prestadora particular y propia, absolutamente exenta de injerencias estatales, o como comportamiento económico puramente privado y libre, que pueda ser valorado conforme a las reglas de un Derecho privado construido según el modelo de relaciones meramente individuales abstraídas del mundo del Estado. Por lo demás, es absolutamente cierto que prestaciones de los particulares y estímulos estatales confluyen en la garantía de la existencia y de la libertad, tanto personal como económica. La seguridad social y el seguro de vida exento de impuestos, la construcción pública de viviendas y el fomento del ahorro-vivienda, las instituciones públicas de radiodifusión políticamente independientes y la prensa periódica independiente fomentada por el Estado, las escuelas del Estado y las escuelas privadas financiadas por él, las universidades estatales y las sociedades financiadas públicamente por su condición de enclaves de libre investigación y enseñanza, todo ello evidencia esa interrelación de que hablábamos y pone en claro, simultáneamente, hasta qué punto resultan intercambiables los datos formales y externos sin que de ello resulte en el fondo más que una serie de diferencias de grado. A partir de aquí se hace inexcusable el extraer de su aislamiento al Derecho privado tradicional para alcanzar su

---

1 Al respecto, especialmente RAISER, 46. DJT Bd. II B 5 y ss., en especial B 8, B 30 y ss.

2 Compárese sobre el particular la decisión de principio del *Bundesgerichtshof* BGHZ 13, 334 y ss. («Schacht-Briefe»); véase también VON CAEMMEBER, en *Festschrift für Fritz von Hippel*, Tübingen, 1967, pp. 27 y ss.; del mismo, en *Hundert Jahre Deutsches Rechtsleben, Festschrift Deutscher Juristentag*, Bd. II, Karlsruhe, 1960, pp. 102 y ss.; NIPPERDEY, en ENNECCERUS-NIPPERDEY, *Allgemeiner Teil des BGB*, Bd. 1, Tübingen, 1959, pp. 577 y ss.; del mismo, *Das Allgemeine Persönlichkeitsrecht*, Ufita, Bd. 30 (1959), páginas y 1 y ss.

3 Al respecto, para una demostración más detallada, RAISER, citado, B 20 y ss., con una valoración muy matizada de la relación entre la Constitución y el acabado Derecho de cosas y tráfico (Derecho privado); ESSER, *Schuldrecht*, 2.ª edic., Karlsruhe, 1960, pp. 846 y ss.; LARENZ, *Lehrbuch des Schuldrecht*, Bd. II, 7.ª edic., München und Berlín, 1965, pp. 414 y ss.

comprensión como función parcial del Ordenamiento en la comunidad política. Con lo cual, sin embargo, se relativiza la distinción entre Derecho privado y Derecho público.

Esta relativización se impone igualmente desde la perspectiva del Derecho público. Su construcción científica, lo mismo que la del Derecho privado, se orienta claramente desde hace tiempo hacia una superación de la jurisprudencia constructiva y conceptual, para irrumpir en un mundo de conocimientos adecuados a su objeto propio. Y así resulta que la imagen ideal del Derecho administrativo no es ya un cerrado y abstracto sistema de reglas y conceptos jurídico-públicos. De manera no diferente a como ocurre en el campo del Derecho privado, cada día se cuestiona más y más el sentido de semejante «parte general», incluso si hubiera de codificarse. Se tiende a una comprensión más diferenciada de los sectores administrativos concretos, cada uno de ellos dotado de una particular estructura ajustada a su contenido propio, en orden a lo cual habrían de instrumentarse las teorías generales, no en su condición posible de rígidos principios jurídicos, sino como directrices de una cierta elasticidad[4]. Pero una investigación no doctrinaria, en cuanto búsqueda de reglas jurídicas apropiadas a los mismos objetos de la normativa que se trate de encontrar, ha de conducir, sobre todo a la vista de una Administración pública cada vez más próxima al mundo de la economía, a un examen desapasionado de la posible adecuación a las necesidades administrativas por parte de las normas e institutos jurídicos elaborados por la ciencia iusprivatista como Derecho general de personas, cosas y acciones y como Derecho especial de la economía[5]. Por lo que hace a un ámbito no pequeño, resulta así que la contraposición entre Derecho público y privado constituye, para la doctrina iusadministrativista, una diferenciación de carácter, no ya esencial, sino simplemente técnico[6]. A esta evolución contribuye el hecho de que la ciencia de los aspectos puramente normativos de la Administración pública se plantea cada vez más acuciantemente la cuestión de cómo habría de organizarse y dirigirse prácticamente o qué componente personal habría de proporcionarse a esa Administración pública para que pudiese desempeñar sus funciones con agilidad y lo más eficazmente posible. Este modo de ver las cosas, lo mismo si es objeto de un estudio especial en cuanto Ciencia de la Administración que si se incrusta sistemáticamente en el Derecho administrativo[7], incita a proce-

---

4 Sobre ello BULLINGER, en *Gedächtnisschrift Hans Peters*, Berlín, 1967, p. 680, con más precisiones.

5 Compárense las anticipaciones en este sentido en GYGI, *Verwaltungsrecht und Privatrecht*, pp. 7, 20 y ss.; RÜFNER, *Formen öffentlicher Verwaltung im Bereich der Wirtschaft*, pp. 348 y ss., pp. 367 y ss.

6 Así, acertadamente, FORSTHOFF, *Lehrbuch des Verwaltungsrechts*, Bd. 1, 9.ª edic., München und Berlín, 1966, p. 341.

7 Respecto de los objetivos de una ciencia de la administración consúltese, recientemente, Werner THIEME, *Verwaltungslehre*, Köln, 1967; STERN, en *Gedächtnisschrift Hans Peters*, pp. 219 y ss. El abandono del método puramente normativo se observa también claramente en la literatura ius-administrativa; véase, por ejemplo, FORSTHOFF, *Rechtsfragen der leistenden Verwaltung;* Hans PETERS, *Lehrbuch der Verwaltung*, Berlin, 1949. BADURA, DöV, 1966, pp. 626 y ss., proporciona un examen de conjunto sobre el abandono del método formal en el

der a un ponderado examen comparativo de carácter estructural y funcional, de las empresas económicas de gestión mercantil, consorcios industriales y organizaciones de intereses o instituciones privadas de asistencia social, para detectar así las formas de organización, política de personal y directrices empresariales que puedan ser útiles en la Administración pública, de acuerdo siempre con la especial posición de esta y su específica función[8]. A medida que la comunidad política, conservando sus cometidos de orden, se convierte en responsable de la seguridad social y de todo tipo de prestaciones económicas, a medida, por consiguiente, que se van asimilando los espectros fenomenológicos de la actividad estatal y no estatal, se hace también más y más difícil justificar el encuadramiento de las relaciones jurídicas de aquella comunidad política en un cerrado y autárquico sistema conceptual y normativo de Derecho público[9].

Debe tenerse en cuenta, además, que los cometidos de un Estado que intensifica y multiplica sus prestaciones, de un Estado social y económicamente cada día más activo, son desempeñados menos que nunca por una burocracia única y más que nunca por numerosas organizaciones y agrupaciones, más o menos independientes, que van desde las corporaciones dotadas de autoadministración o las instituciones y fundaciones de Derecho público, pasando por las sociedades jurídico-privadas en mano pública o con participación pública, hasta empresas y agrupaciones privadas, que se hallan sujetas, en virtud de alguna ley o en base a los estímulos que reciben a modo de fomento, a especiales vinculaciones de carácter público, como pueda ser, por mencionar un ejemplo, la contratación forzosa. A todo lo cual se añaden las organizaciones y agrupaciones que por sí mismas desempeñan cometidos de relativo interés para la comunidad, como, por ejemplo, sindicatos y agrupaciones económicas. Si además se incluyen en el cuadro así bosquejado las comunidades interestatales o supraestatales, tales como la Comunidad Económica Europea, queda claro que no es fácil fundamental hoy en día la contraposición de Derecho público y privado en la idea de un Estado cerrado en sí mismo y en sí mismo diferente del resto de las comunidades posibles, un Estado que habría de pensarse, para ser consecuentes, como dotado de principios jurídicos especiales radicalmente ajenos a todo lo privado.

Todo esto no significa que Constitución política, organización administrativa del Estado, economía privada, agrupaciones sociales y esfera vital de la persona puedan llegar a tratarse como una unidad indiferenciada. Se trata más bien de que cualquier crítica jurídica debe adecuarse a la peculiaridad

---

Derecho administrativo y la consideración por este de los fines de la Administración; del mismo, *Verwaltungsrecht im liberalen und im sozialen Rechtsstaat*, en especial pp. 21 y ss.

8 Sobre el particular, al mismo tiempo, sin embargo, que sobre las limitaciones de una perspectiva puramente empresarial y apolítica de la administración moderna, FORSTHOFF, *Rechtsfragen der leistenden Verwaltung*, pp. 60 y ss.; KÖTTGEN, en *Festschrift für Leibholz*, Tübingen, 1966, pp. 771 y ss. Véase también LUHMANN, *VerwArch*, Bd. 56 (1965), pp. 303 y ss., con escasa referencia, ciertamente, a los ramos económicos de la Administración pública.

9 En este sentido, también GYGI, cit., en especial, pp. 54 y ss., que, sin embargo, solamente aporta escasas y prudentes correcciones a la tradicional doctrina de la división dual; de forma parecida, RÜFNER, citado, páginas 423 y ss. y *passim*.

de aquellos contextos ordenadores si no se quiere que el libre desenvolvimiento del individuo, por ejemplo, se vea sacrificado a la idea de una general responsabilidad pública frente a la comunidad, del tipo de la que pueda incumbir al funcionario; si no se quiere que cualquier actividad económica quede convertida en desempeño, afectado al bienestar general, de un cometido público; si no se quiere, en fin, que se llegue a la comprensión del Parlamento y el Gobierno como únicamente instancias de cancelación de intereses grupales enfrentados entre sí. Este propósito puede justificar el que se distinga en determinados contextos entre el Estado, como comunidad constituida en unidad política, y la sociedad, en cuanto comunidad y proceso apolítico sin referencias nacionales[10], pero apenas puede decirse que exija ver en el Estado y la sociedad dos esferas separadas y radicalmente heterogéneas, a lo que corresponda una diferenciación dualista entre Derecho público y Derecho privado[11]. Como ya pudo verse en la parte histórica de esta obra[12], cabría pensar, todo lo más, en una articulación de la comunidad política en las esferas de lo estatal, de lo social o público y de lo privado, lo que daría por resultado una tosca división tripartita, que no corresponde enteramente a la multiplicidad y recíproca interrelación de los fenómenos jurídicos y que, precisamente por ello, solo una vez matizada puede llevarnos a un adecuado conocimiento del Derecho. Por ello resulta recomendable prescindir en lo posible de esquemáticas divisiones y contraposiciones y rastrear y poner de relieve, en lugar de ello, tanto las diferencias como las coincidencias jurídicas de las diversas esferas en contextos concretos. En el orden vital, económico y social del presente, tan altamente diferenciado, la libertad, la estabilidad social, los postulados del Estado de Derecho, los procesos democráticos y otras aspiraciones se verán más amenazados que protegidos en el caso de que sean rígidas dicotomías, como la establecida entre Derecho público y Derecho privado, las que dominen el pensamiento jurídico.

---

10 Así, por ejemplo, KAISER, artículo «Staatslehre», en *Staatslexikon,* Bd. 7, 6.ª edic., Freiburg, 1962, pp. 594 y ss.; RIDDER, *Zur verfassungsrechtlichen Stellung der Gewerkschaften,* p. 14 (que sin embargo pretende equiparar, no muy convincentemente, la dicotomía Derecho público-Derecho privado con la diferenciación entre Estado y Sociedad).

11 Respecto a la crítica, en esta medida justificada, a la rígida distinción entre Estado y Sociedad, así como respecto a la fructífera iniciativa de la superación del método dualista en la idea de la comunidad del Estado, compárese, por ejemplo, EHMKE, en *Festgabe für Smend,* pp. 23 y ss.; SCHEUNER, artículo «Staat», en HdWbSozWiss, Bd. 12, p. 660; HESSE, *Grundzüge des Verfassungsrechts,* Karlsruhe, 1967, pp. 7 y ss.; HABERLE, AöR, Bd. 90 (1965), pp. 384 y ss.; Herbert KRÜGER, *Allgemeine Staatslehre,* páginas 341 y ss., con un impresionante intento de caracterizar a la Sociedad como enmarcada en el Estado y, sin embargo, como algo especial entre el ámbito estatal y la esfera privada, como lo «público» dotado de un propio Derecho social situado entre el Derecho público y el Derecho privado. Con notables matizaciones, ahora también VOGEL, cit., en modificación de su anterior criterio basado en la contraposición del Estado y la Sociedad *(Der räumliche Anwendungsbereich der Verwaltungsrechtsnorm,* entre otras, páginas 221 y ss. y 235 y ss.)

12 Véase cap. II, V 5.

II. Esbozo de una comprensión funcional de la diferenciación

Bajo estos presupuestos debiera ser posible superar la división categorial dualista del Derecho, comprender de nuevo la diferenciación entre Derecho público y privado como parcial contraposición de significado cambiante y ajustada al mundo de sus contenidos mismos, reconducirla conceptualmente a este sentido y funcionalidad suyos, limitados y diversos, y sustituirla en lo posible por diferenciaciones tipificadas y explicativas, para no seguir alimentando la idea de la dicotomía de lo jurídico.

El objeto de las líneas que siguen es poner de relieve las posibilidades de un replanteamiento semejante de la cuestión. No puede tratarse más que de un primer bosquejo, que habría de ser completado por posteriores investigaciones concretas. Se sitúan en primer plano algunos problemas y aspectos del Derecho administrativo. Otros, por ejemplo, de carácter jurídico-constitucional, se tocan de pasada, sin hacerlos objeto de un examen detenido. En este sentido queda mucho por hacer.

1. *Abandono dogmático-jurídico de la división dualista en beneficio de un Derecho común diferenciado «a posteriori»*

Se trata en primer lugar de superar, desde el punto de vista de la dogmática jurídica, la idea de que todo derecho o toda relación jurídica habría de ser atribuido, no importa conforme a qué criterios, o al Derecho público o al Derecho privado. En lugar de dicha división dualista debería hacer su aparición un *Derecho común* de carácter diferenciado. En la medida en que en diversos sectores existan ya reglas jurídicas comunes a los campos de los así llamados Derecho público y privado, bastará con ponerlas de relieve y reconocerlas como Derecho común. En otros sectores tendrían que ser la legislación y la jurisprudencia las que, apoyadas en un previo trabajo de la doctrina, construyesen un Derecho común que superase la separación de lo jurídico-público y lo jurídico-privado. Este Derecho común podría ser aplicable, como Derecho general de la comunidad del Estado, a todo tipo de relaciones jurídicas, sin consideración a la participación en las mismas de autoridades estatales, corporaciones con autoadministración, empresas de economía mixta, partidos políticos, agrupaciones económicas, personas privadas y empresas privadas con o sin cometidos o vinculaciones públicas[13]. Las especialidades objetivas de la Administración pública en sus diferentes ramos, de las actividades puramente privadas o de las múltiples formas intermedias de actuación, podrían

13 Este concepto del Derecho común es, en lo esencial, nuevo y debe ser distinguido de otras versiones del mismo, aunque existan entre aquél y estas algunos puntos de contacto; deberá distinguirse, así, del Derecho romano común lo mismo que del *common law o* de la doctrina sobre el Derecho común elaborada en los años siguientes a 1933, de la idea de principios jurídicos comunes al Estado y a la Iglesia (comp. Haberle, JZ, 1966, pp. 384 y ss.), al Estado y a la Comunidad jurídica internacional (compárese Haberle, AöR, Bd. 92 —1967—, p. 279), a los Estados miembros de las comunidades europeas o a los Estados civilizados (comp. Esser, *Grundsatz und Norm*, Tübingen, 1956, pp. 336 y ss. y 345), y finalmente de la teoría sobre la existencia de un fundamento básico de reglas jurídicas elementales, en el sentido de un Derecho natural o racional.

ser tomadas en consideración adecuadamente por las correspondientes reglas o institutos jurídicos especiales.

A) *Proyecto de Derecho común elaborado sobre la base de una selección de ejemplos*

La idea de un Derecho común debe comenzar a cobrar forma con una primera revisión de las doctrinas generales que hasta ahora, distribuidas entre el Derecho público y el Derecho privado, han sido los principales puntos de apoyo de la dicotomía. Esto no significa que la parte general del Código civil y sus disposiciones relativas al derecho de obligaciones, igualmente abstractas y generales, puedan ser aplicadas sin más ni más a la Administración pública[14], ni que, al revés, puedan serlo sin reparos las reglas generales del Derecho administrativo a los datos de la economía privada. Porque ello produciría que las desventajas del método jurídico constructivo-conceptual, en lugar de corregirse, se viesen acrecentadas. Se trata más bien de que ambas partes generales sean objeto de una reconversión que las oriente al logro de *conceptos y reglas más adecuadas a su objeto,* es decir, más intensamente referidos a cada uno de los diferentes ámbitos jurídicos especiales. A este nivel se localizan cuestiones jurídicas comunes que resultan de más fácil comprensión y solución cuando se las considera unitariamente que cuando se las separa por vía conceptual. Esto debe aclararse con ayuda de algunos ejemplos.

a) *Decisión unilateral y contrato*

Puede decirse, por ejemplo, que ya no conduce a ninguna parte la pregunta de si en el Derecho público son los *contratos* tan legítimos y viables como en el Derecho privado. En lugar de eso debe cuestionarse, pongamos por caso, si determinadas personas, a las que se ha encomendado la especial y exclusiva responsabilidad de otras, deben adoptar sus decisiones por sí mismas o si han de legitimarlas mediante un acuerdo con aquellos de quienes son responsables[15]. Esta alternativa entre la decisión unilateralmente responsabilizadora y

---

14 Este es, sin embargo, el sentido del intento constructivo conceptual de FRIEDRICHS de elaboración de un proyecto de «Parte general del Derecho» (Berlín-Leipzig, 1927). A este círculo pertenecen también construcciones en paralelismo con el Derecho privado, como el *System der rechtsgeschäftlichen Staatsakte,* de KORMANN.

15 Al respecto, con más precisiones, BULLINGER, en *Gedächtnisschrift Hans Peters,* p. 681. Parecidamente, por cierto, RÜFNER, cit., pp. 336 y ss., que pretende la existencia de un contrato «allí donde la declaración de voluntad del súbdito constituye un elemento necesario del negocio jurídico que también le obliga»; dicho autor, sin embargo, se halla demasiado imbuido de la tradicional división dual y no puede explicar, en mi opinión, por qué ciertos contratos de la Administración pública se caracterizan como contratos jurídico-públicos únicamente a causa de algunas eventuales especialidades concretas respecto del contrato privado (comp. p. 358), ni por qué aquellos contratos deben seguir, en sus reglas, en parte al acto administrativo y en parte al contrato de Derecho privado (comp., por ejemplo, páginas 327-343, en especial pp. 338 y ss. y 343), tanto más cuanto que RÜFNER considera por demás intercambiables la conformación jurídico-pública y jurídico-privada (o de Derecho privado administrativo) del contrato y considera a la división dualista de lo jurídico como un problema que afecta exclusivamente a la competencia judicial (p. 377). El

el acuerdo contractual distribuidor de la responsabilidad se plantea de forma parecida, aunque diversa en sus matices concretos, en los casos del tutor, del ejecutor testamentario y administrador de la herencia, del consejo de inspección de una sociedad por acciones, del censor jurado de cuentas, del síndico o administrador del concurso, del departamento de juventudes, del juez de la tutela, de los organismos públicos de inspección industrial o de las oficinas federales de inspección del régimen crediticio, de los seguros y del ahorro-vivienda. A ello se une el segundo problema de sí y bajo qué condiciones puede el responsable hacer depender su decisión de condiciones, determinaciones, modales o contraprestaciones. El censor jurado de cuentas, por ejemplo, puede pactar su aceptación del examen contable de una determinada empresa e incluir en dicho pacto el montante de su remuneración, siempre que esta no se halle prefijada legalmente, pero habrá de responsabilizarse enteramente de su informe y no podrá ni legitimar su carácter favorable en un contrato con la empresa ni hacer depender dicho carácter de una contraprestación especial. La oficina federal de inspección del régimen crediticio no estaría en condiciones de justificar la autorización de un instituto de crédito con el argumento de haberse puesto de acuerdo contractualmente con su titular y haber obtenido de él, como contraprestación, la promesa de una generosa política crediticia para con las clases medias, y ello porque el artículo 32 de la Ley de Régimen Crediticio exige una decisión responsable ajustada a la concreta situación fáctica y jurídica, y solo admite determinaciones modales en el marco de la finalidad de la ley.

Se impone así la búsqueda de soluciones diferenciadas y ajustadas a la realidad objetual, tomando como punto de partida el sentido y la finalidad de los correspondientes preceptos legales o de los cometidos no precisados de habilitación legal, sin que para ello pueda ya servir de ayuda la usual división dualista del Derecho en público y privado. La consideración conjunta de posiciones privadas, mixtas y públicas de responsabilidad puede proporcionar, por el contrario, multitud de valores y normas comunes y objetivar la crítica jurídica. El beneficio para el Derecho administrativo consistiría en que la sumaria invocación del Estado de Derecho y de la democracia, como factores de legitimación del contrato jurídico-público, daría paso a un sobrio análisis del cometido administrativo en cuestión y a una comprensión de la específica responsabilidad de la Administración pública para con el súbdito[16]. La ponderación comparativa de los fenómenos de decisión responsable ajenos al mundo de la Administración pública, sobre todo en el campo de la economía, podría preservar posiblemente a la doctrina de la discrecionalidad y del margen de apreciación de una excesiva extensión de la revisión judicial en perjuicio del criterio técnico de la autoridad responsable. Por lo que se refiere a las posiciones de responsabilidad ajenas a la Administración pública, habría que considerar la posible aplicación a las mismas de algunas de las reglas de contenido y procedimiento del Derecho administrativo: las relativas, por ejemplo, a la discrecionalidad y el trámite de audiencia. Por supuesto, por lo demás, que

---

contrat administratif francés, que Rüfner toma como modelo (p. 343), ha llegado a entrar en el fondo tan en crisis como el concepto de *service public* (comp. el mismo Rüfner, pp. 265 y ss., en especial pp. 278 y ss., pp. 283 y ss. y p. 358).

16 Bullinger, cit.

de ello podría resultar una vinculación jurídica de la Administración pública más intensa que la de los restantes responsables a que nos estamos refiriendo; cualquier equiparación esquemática debe ser evitada.

b) ***Prestaciones onerosas conforme a condiciones tipificadas***

Nuevas notas comunes pudieran detectarse o llegar a construirse en el ámbito, por ejemplo, del otorgamiento de prestaciones onerosas de acuerdo con condiciones tipificadas, tal como se lleva a efecto por las empresas de suministro de energía o de transporte, piscinas, bancos, museos y teatros. El régimen general de la contratación del Código civil, centrado en el acuerdo individual de voluntades, resulta aquí poco apropiado y debe ser reinterpretado o incluso modificado, de modo que el requerimiento de prestaciones típicas y ajustadas a condiciones generales establecidas unilateralmente sea objeto de una adecuada ordenación jurídica. Parecidas dificultades se presentan cuando las prestaciones tipificadas son gestionadas por organizaciones de la Administración pública; el acto administrativo y el contrato de Derecho público, los equivalentes de la declaración de voluntad y el contrato del Derecho civil están cortados por el patrón de una decisión o acuerdo de voluntades individual, pero no se ajustan a la utilización de prestaciones masivas objeto de reglamentación, como, por ejemplo, el depósito de una carta en los buzones del correo por un niño de cinco años. Esta problemática, común a cualquier otorgamiento de prestaciones tipificadas y onerosas, se trata, sin embargo, en el Derecho público bajo nomenclatura distinta de la que se emplea en el Derecho privado. A las discusiones iusprivatistas sobre la naturaleza jurídica, los efectos y los límites de las condiciones generales negociales[17] corresponden en el campo del Derecho público los debates sobre la naturaleza jurídica, los efectos y los límites del ordenamiento del establecimiento público, respecto del cual se encuentran los usuarios —así se piensa— en una «relación especial de poder», lo que desvía la discusión jurídica hacia el terreno de los escrúpulos suscitados por los principios del Estado de Derecho. Pero al conocimiento jurídico y a la protección del individuo, que utiliza aquellas instituciones, le sería más útil que se llegase a construir, sobre la base de los resultados ya conseguidos sobre todo por la doctrina iusprivatista, un Derecho común del otorgamiento de prestaciones onerosas conforme a condiciones tipificadas, que regulase, por ejemplo, la utilización por error de dichas prestaciones tan satisfactoriamente como la situación jurídica de los usuarios menores de edad, la exención de responsabilidad frente a ellos y, en general ya, los presupuestos de vigencia en el caso concreto de las condiciones generales de prestación establecidas unilateralmente[18].

---

17 Compárese, sobre todo, RAISER, DOS *Recht der Allgemeinen Geschäftsbedingungen,* Hamburg, 1935, reimpresión inalterada, Bad Homburg, 1961, pp. 59 y ss., pp. 109 y ss., pp. 147 y ss. y pp. 277 y ss.; SCHMIDT-SALZER, *Das Recht der Allgemeinen Geschäfts-und Versicherungsbedingungen,* Berlín, 1967, pp. 49 y ss. y pp. 220 y ss.; Wilhelm WEBER, en STAUDINGER, *Recht der Schuldverhältnisse,* Bd. II, Teil 1 a, 11.ª edic., Berlín, 1967, Einl. Bem. N 176 y ss.. N 209 y ss., N 334 y ss.; HELM, JUS, 1965, pp. 121 y ss.

18 Importantes esbozos en esta dirección en SIEBERT, en *Festschrift für Niedermeyer,* en especial pp. 232 y ss., pp. 239 y ss. y pp. 246 y ss.; BAUR, JZ, 1963, pp. 44 y ss.; JECHT, *Die öffentliche*

Con ello quedaría simultáneamente eliminada una de las más cuestionables manifestaciones del Derecho administrativo, a saber: el llamado derecho de opción del titular de las instituciones públicas de prestación entre una reglamentación jurídico-pública o una ordenación jurídico-privada del uso de aquéllas. Este derecho de opción podría incitar, por ejemplo, a los municipios a dar a la reglamentación del uso de sus piscinas una coloración de Derecho público para con ello conservar la posibilidad de limitar más fácilmente su responsabilidad frente a los niños y lograr así una disminución del montante de las primas del seguro correspondiente[19]. Pero dicha limitación de responsabilidad únicamente podría encontrar una justificación adecuada en la circunstancia, predicable por lo demás de todas las piscinas o instituciones de tipo similar, de que apenas resulta posible impedir la entrada a ellas de los niños o admitir a estos tan solo previa presentación de una declaración escrita de los padres renunciando a una eventual indemnización. Es difícil decir hasta qué punto ha de ser posible una huida al Derecho público que limite la responsabilidad, o hasta qué punto ese Derecho público ha de resultar más barato que el Derecho privado. Cualquier tipo de ventaja o deber especial, particularmente las o los que incumban o afecten a las instituciones de prestación de la Administración pública, deberá justificarse, tan pronto como quede reconocida aquí la vigencia normal de un Derecho común, en el dato objetivo de la especificidad del cometido y responsabilidad estatal que se trate de dar cumplimiento. Es más: puede decirse que la justificación de que hablamos no será fácilmente aceptable, y ello porque la específica finalidad pública pueda eventualmente satisfacerse igual o incluso mejor en el marco de los principios generales aplicables al otorgamiento oneroso de prestaciones tipificadas.

c) *Dación de prestaciones conforme a criterios individuales*

Tampoco el otorgamiento de prestaciones onerosas o gratuitas conforme a criterios particulares tiene por qué verse sometido desde un principio a los sistemas absolutamente dicotómicos del Derecho público y privado para ser calificado de contrato de Derecho público o acto administrativo o de contrato de Derecho privado, todo ello por la sola circunstancia de tratarse en unos casos de la consecución de fines de la Administración pública y en otros del logro de los fines de organismos no estatales. Las enajenaciones a precio reducido de tierras de colonización, hogares o pisos a que puedan proceder un municipio, una cooperativa de colonización o construcción de viviendas de interés público, un apoderado sindical, una iglesia, una asociación de beneficencia o un gran propietario forestal, esas enajenaciones, a pesar de la posible y gradual diversidad de las finalidades que las motiven, no se diferencian entre sí tan fundamentalmente como para que pueda resultar justificado el hablar en algunos de dichos casos de una compraventa jurídico-pública o de Derecho privado administrativo, en lugar de una simple compra-venta, o como

Anstalt, Berlín, 1963, páginas 106 y ss., especialmente pp. 111 y ss.; Rüfner, *Formen öffentlicher Verwaltung im Bereich der Wirtschaft*, pp. 310 y ss. y pp. 317 y ss.

19 Compárese Hans Schneider, NJW, 1962, pp. 705 y ss., en especial páginas 707 y ss. Aquí puede quedar sin respuesta el sí, conforme al Derecho vigente, una regulación jurídico-pública del uso puede realmente mitigar la responsabilidad.

para que pueda justificarse la construcción teórica de la adjudicación como acto administrativo. Esto no excluye que puedan aplicarse reglas especiales a los diferentes supuestos. Sería pensable, por ejemplo, que el municipio y la cooperativa de interés público hubiesen de ajustarse en su enajenación a especiales expectativas sociales y de justicia para quedar obligados, por ejemplo, a un tratamiento igualitario de las oferta de compra o a privilegiar a los solicitantes económicamente débiles. Si ello diese lugar a un deber jurídico no simplemente de orden interno, sino de efectos *ad extra o* frente a terceros, podría este cristalizar en la conformación normativa de una prohibición u obligación de contratar, sin que ni ellas mismas ni el contrato eventualmente resultante tuviesen por qué caracterizarse como de Derecho público, caso de afectar al municipio, o como jurídico-privados, caso de incumbir a la cooperativa de interés público.

Parecidas consideraciones pueden suscitarse a propósito de los préstamos a bajo interés, garantías a todo riesgo o subvenciones a fondo perdido, ya se otorguen por un sujeto de Administración pública, una persona jurídica de Derecho privado en mano pública, una entidad bancaria privada actuando como intermediario de la Administración pública o un organismo privado en gestión de sus propios asuntos, tal, por ejemplo, una cooperativa de crédito a las capas medias. En la medida en que tales auxilios se concedan por la Administración pública en concepto de subvención, debiera ser aspiración y cometido del jurista la elaboración de garantías procedimentales y sustantivas que impidiesen que el poder financiero del conferente pudiese cristalizar en la imposición de condiciones desmesuradas al beneficiario, que evitasen los desequilibrios de la igualdad de concurrencia a que pudieran dar lugar preferencias o postergaciones arbitrarias que estorbasen, en fin, el que los fondos públicos se invirtiesen de modo inapropiado o, lo que es lo mismo, contrario a las normas legales o determinaciones presupuestarias. Para lograr este tipo de garantías no basta, desde luego, con sustraer total o parcialmente la adjudicación de las subvenciones del marco del Derecho privado de préstamos, garantías y donaciones, para construirla, o como acto administrativo y simultáneamente como contrato privado de préstamo, en el sentido de la «teoría de los dos grados», o bien como contrato de Derecho público; existe, por el contrario, el peligro de que con tales reformulaciones terminológicas queden en el vacío los esfuerzos de la doctrina jurídica, sin que la práctica subvencional llegue a ajustarse a los principios del Estado de Derecho[20]. Las dificultades tienen aquí su origen en la circunstancia de que las entidades bancarias y otras instituciones con forma de Derecho privado y con o sin participación estatal, que participan en el procedimiento subvencional, no pueden ser controladas fácilmente con ayuda de los pilares conceptuales del Derecho público[21]. Por lo cual resulta perfectamente oportuno buscar la solución de un Derecho común que pueda incluir también bajo su mínima ordenación jurídica a organizaciones privadas de carácter financiero.

Las condiciones que rodean a préstamos y garantías subvencionales no se distinguen básicamente de las impuestas por las entidades bancarias a sus

---

20 Compárese al respecto la instructiva ponencia de ZACHER, VVDStRL Heft 25 (1967).

21 Sobre ello RÜFNER, cit., pp. 194 y ss. y pp. 410 y ss.

créditos y garantías normales, al menos por regla general. Las subvenciones a fondo perdido, acompañadas de determinaciones modales y afectadas a un fin, no son tan absolutamente disímiles de la donación de Derecho civil, en contra de lo que normalmente se piensa. La donación, a pesar de que un método abstracto de pobre contenido la conceptúe como mera dación de carácter gratuito, precisa de la aceptación del donatario[22], puede otorgarse también con determinaciones modales y verse así afectada a una finalidad específica[23]. Por todo ello puede resultar absolutamente coherente, bajo determinadas circunstancias, adoptar, tanto respecto de la subvención como de cualquier dación privada de carácter similar, el principio modélico del normal contrato de préstamo, garantía o donación gratuita para construir a partir de ahí reglas adicionales que se diferencien de acuerdo con las necesidades de cada uno de sus objetos particulares, reglas adicionales estas que parecen especialmente necesarias para la Administración pública, como protección, sobre todo, del eventual beneficiario de las correspondientes entregas. En multitud de supuestos, particularmente cuando se trata de prestaciones de carácter social, puede resultar más conforme a la naturaleza de las cosas subsumir la adjudicación bajo el tipo de la decisión adoptada autorresponsablemente, en lugar de bajo el de un acuerdo contractual que divida la responsabilidad por lo actuado, y ello porque, según la naturaleza de la prestación, deba ocurrir que el beneficiario no asuma o no pueda asumir responsabilidad de ninguna especie en el asunto. Pero también esto último puede predicarse tanto de una prestación social de la *caritas* privada como de una prestación en el marco de la asistencia social de carácter público.

d) *La necesaria observancia de los derechos fundamentales y otros principios de actuación*

Si, según acabamos de proponer, se abandonase la simplista dicotomía que distingue entre el libre acuerdo contractual jurídico-privado y la decisión soberana vinculada al Derecho público, en beneficio de un Derecho común al que acompañe una específica graduación de normas especiales, si así se procediese, tampoco sería factible que sirviese como punto de partida para nada la automática aplicación de los derechos fundamentales a la actuación jurídico-pública y su carencia radical de eficacia respecto de las operaciones de Derecho privado. La cuestionabilidad de aquel automatismo y de esta radicalidad es, hoy en día, de por sí evidente.

No se trata, por supuesto, de optar por nuevos esquematismos, como lo podrían ser, por ejemplo, el llamado efecto frente a terceros, en el tráfico jurí-

---

22 Esto apenas se tiene en cuenta por la ciencia iusprivatista, que toma como punto de partida demasiado exclusivo el simple marco conceptual de la gratuidad jurídica y considera extrajurídico (moral, etc.) el conjunto de vínculos y obligaciones constituidos o amortizados por una donación. El BGB, sin embargo, juridiza en parte tales vinculaciones a través de su admisión en el § 530, apartado 1, de una revocación por grosera ingratitud y de su exclusión de la misma en todas las donaciones circunstanciales y modales (§ 534 BGB). Comp. al respecto Mitteis-Lieberich, *Deutsches Privatrecht,* 4.ª edic., München und Berlín, 1963, pp. 131 y ss.

23 § 525 BGB; al respecto Esser, *Schuldrecht,* pp. 518 y ss.

dico-privado, de los derechos fundamentales[24] o la vigencia no excepcionada de los mismos respecto de todo tipo de actividad de la Administración pública[25] y, simultáneamente, una ilimitada libertad de principio de los sujetos privados por lo que haga a esta esfera jurídica[26]. Se trata más bien de que, no obstante la dicción literal del artículo 1.°, apartado 3, de la Ley Fundamental, habría que sopesar la posibilidad de examinar con sobriedad las relaciones o ámbitos vitales y jurídicos a que, directamente o a través de la legislación ordinaria correspondiente, haya de aplicarse cada uno de los derechos fundamentales[27]. Por ejemplo, la igualdad jurídica de la mujer y el hombre, a que se refiere el artículo 3.°, apartado 2, de la Ley Fundamental, incide tanto sobre las relaciones familiares como sobre la normativa jurídica de la nacionalidad, tanto, por consiguiente, sobre el marco existencial más privado como sobre la relación más radicalmente íntima del individuo con la comunidad política, mientras que, en cambio, el artículo 16, apartado 1, de la Ley Fundamental afecta tan solo, indudablemente, a este último nivel de la estructura vivencial de la persona. El problema de saber si el artículo 104 de la Ley Fundamental protege la libertad únicamente frente a las limitaciones que le puedan provenir de los órganos del Estado o si, por el contrario, la preserva también de las que pueda ocasionarle la actuación de las personas de Derecho privado, ése fue un problema cuya solución no pudo encontrar el Tribunal constitucional federal con el apoyo de los criterios contrapuestos que le ofrecían la tesis de la exclusiva eficacia frente al Estado de los derechos fundamentales o la doctrina del efecto de los mismos también frente a terceros, sino que se hizo necesario un detenido examen judicial de lo que, coherentemente, podía querer decir aquel precepto de la Ley Fundamental; de lo cual resultó que a su efecto de garantía no escapan los actos del tutor, es decir, los actos de una persona privada con especiales responsabilidades[28]. La libertad de opinión puede entenderse eventualmente —y así la conceptuaba de modo expreso la Constitución

---

24 Para un efecto inmediato frente a terceros, cierto que no sin matices, sino diferenciado en sus detalles, NIPPERDEY, en BETTERMANN-NIPPERDEY, *Die Grundrechte,* Bd. IV 2. Hlbd., Berlín, 1962, pp. 742 y ss.; del mismo, en ENNECCERUS-NIPPERDEY, *Allgemeiner Teil des Bürgerlichen Rechts,* 1. Hlbd., pp. 91 y ss.; LEISNER, *Grundrechte und Privatrecht,* pp. 285 y ss. Compárese también la decisión de principios del *Bundesarbeitsgerichts,* BAGE l, 185 y ss. (191 y ss.). Apenas diferente en sus conclusiones, pero en apoyo de un efecto frente a terceros de carácter, indirecto y con la mediación de las cláusulas generales del Derecho privado, DURIG, en *Vom Bonner Grundgesetz zur Gesamtdeutschen Verfassung, Festschrift für H. Nawiasky,* München, 1956, pp. 157 y ss.; BVerfGE 7, pp. 198 y ss. (204). Críticamente, EHMKE, *Wirtschaft und Verfassung,* Karlsruhe, 1961, pp. 78 y ss.; HESSE, *Grundzüge des Verfassungsrechts,* pp. 138 y ss.; FLUME, *Der Allgemeine Teil des Bürgerlichen Rechts,* 2 Bd.: *Das Rechtsgeschäft,* Berlin-Heidelberg-New York, 1965, pp. 20 y ss.

25 En este sentido, por ejemplo, MALLMANN, VVDStRL Heft 19 (1961), pp. 202; ZEIDLER, VVDStRL 19, pp. 225 y ss.

26 HESSE, *Grundzüge des Verfassungsrechts,* pp. 136 y ss., en especial p. 138.

27 Así, por ejemplo, IPSEN, AöR, Bd. 91 (1966), pp. 86 y ss., en especial p. 91, nota 6, y pp. 99 y ss.; RAISER, 46 DJT, Bd. II B 8 y ss., en especial 10 (con indicaciones sobre el estado de la cuestión), B 15 y ss. 20 y ss.

28 BVerfGE 10, 302 y ss.

de Weimar[29]— como un derecho invocable, por vía de principio, en cualquier contexto de la existencia y no tan solo frente a las limitaciones de la ley o de la autoridad de policía. Ello implica, sin embargo, la necesidad de matizar cuidadosamente los supuestos en que la libertad de opinión deba quedar abierta, por la naturaleza misma de algunas de las esferas en que juegue, a una posible restricción o a una renuncia voluntaria. Ahora bien, la admisibilidad de esta renuncia no dependerá de que afecte, por ejemplo, al redactor de un boletín del Gobierno o al encargado de la correspondencia de un partido político o de un diario de línea política clara (empresas de tendencia). Y es un hecho también que el deber de ciertos funcionarios superiores, relativo a la observancia de los intereses del servicio con ocasión de la expresión de su opinión fuera del marco del mismo, puede ser encuadrado dentro de límites semejantes a los que puedan afectar al mismo deber de los directivos de una empresa por relación a los intereses económicos de esta, lo cual no quiere decir en absoluto que aquellos límites sean también los que pesen sobre funcionarios y empleados o trabajadores que, por su posición subordinada, no tienen por qué identificarse completamente con su superior jerárquico o con la empresa en cuestión[30].

Tampoco el principio de igualdad, en mi opinión, puede entenderse aplicable a cualquier relación de la Administración pública, constituyéndose, en cambio, lo ajeno a ella como reino de la libertad y el arbitrio. Esta idea tiene de certero el que de todo aquel que tenga encomendado el gobierno o administración del Estado debe esperarse, de un modo especial, decisiones justas, objetivas y no arbitrarias, mientras que el particular ha de disfrutar de acuerdo con el sentido de la Ley Fundamental, de una libertad que eventualmente pueda llevarle a la adopción de medidas inadecuadas o caprichosas[31]; de la libertad, por ejemplo, de sustituir a sus proveedores alimenticios sin razón objetiva que lo justifique o de dar trabajo, de entre dos solicitantes de empleo, al menos apto. Lo cual, sin embargo, no es sino la constatación de dos polos opuestos, entre los que se extiende la amplia esfera intermedia de la más tenue o incluso inexistente diferencia entre las expectativas de igualdad y justicia que puedan formularse a la Administración pública y a los entes privados. A la junta directiva de una asociación le incumbe, respecto de los miembros de la misma[32], un deber de trato igual semejante al que pueda afectar al empresario respecto a los trabajadores de la empresa[33], a la empresa

---

29 Artículo 118; comp. ANSCHÜTZ, *Die Verfassung des Deutschen Reiches vom 11. 8. 1919,* 14.ª edic., Berlín, 1933 —reimpresión inalterada, Darmstadt, 1960—, art. 118, observación 5.

30 Para una reflexión sobre este punto puede servir de estímulo la legislación inglesa, que muy matizadamente permite una actuación política graduada conforme a los grupos concretos de funcionarios y de acuerdo con el interés del servicio y el interés público en un estado mayor funcionarial políticamente neutral; vid. al respecto WADE AND PHILLIPS, *Constitutional Law,* Seventh Edition by E. C. S. Wade and A. W. Bradley, 1965, páginas 224 y ss.

31 HESSE, *Grundzüge des Verfassungsrechts,* cit., p. 137.

32 Götz HUECK, Der *Grundsatz der gleichmässigen Behandlung im Privatrecht,* München und Berlín, 1958, pp. 224 y ss.

33 Compárese HUECK-NIPPERDEY, *Lehrbuch des Arbeitsrechts,* 7.ª edic., Berlín y Frankfurt, 1963, pp. 417 y ss.; NIKISCH, *Arbeitsrech,* 1. Bd., 3.ª edición, Tübingen, 1961, pp. 502 y ss.

que domine el mercado[34] o prestadora de servicios o bienes indispensables, a través de una contratación legalmente obligatoria, respecto de sus clientes[35], o a los establecimientos públicos estatales y municipales respecto de los usuarios de los mismos. Cierto es que existen diferencias objetivas de detalle entre cada uno de los deberes mencionados; no obstante, lo cual todos son expresiones de la misma idea de igualdad y justicia, expresiones que, en más de un aspecto, podrían ser objeto de un estudio jurídico común que acabase con el riesgo de una innecesaria consideración diferenciadora, ajustada a las nomenclaturas divergentes del principio de igualdad eficaz frente al Estado y la prohibición de discriminaciones en el mundo de la economía.

Del mismo modo que, según acabamos de ver, existen esferas de expectativas jurídicas de igualdad y justicia entre las personas privadas, se dan también parcelas de la actividad administrativa en que dichas expectativas brillan por su ausencia. Ello puede predicarse, por ejemplo, de la venta de cerveza en las cervecerías del Estado y, en general, de cualquier actividad económica de este que se desarrolle en concurrencia suficiente con las correspondientes actividades privadas, sobre todo cuando aquélla tenga su origen en una sociedad de capital[36]. Con razón no se aplicaba aquí, antes de la promulgación de la Ley Fundamental, el principio de igualdad, y hoy en día sería necesaria, en mi opinión, una demostración muy convincente de que el artículo 1.°, apartado 3, de aquélla ha traído consigo, sin motivo aparente que lo justifique, la vigencia absoluta y dogmática del principio de igualdad respecto de las actividades del Estado a que nos estamos refiriendo. El resultado es, en todo caso, lo mismo para la Administración pública que para los entes privados y según el tipo de actividad que desarrollen, la existencia de un ámbito de vigencia y de una esfera de inaplicabilidad del principio de igualdad, lo cual abre paso a un Derecho común de principios de actuación que puede admitir *a posteriori* las diferenciaciones y especialidades que sean necesarias.

e) *Organización y cooperación*

Si, como aquí se propone, se adoptase el punto de vista de los *status* y cometidos concretos en lugar del criterio formal de una calificación pública o privada de los fenómenos jurídicos que los remita o no al ámbito del Estado, también entonces se haría factible una nueva comprensión del Derecho de la organización. El ordenamiento jurídico vigente conoce, desde luego, la división dual de las formas organizativas en públicas y privadas, pero de ninguna manera impide que se construyan las notas comunes y las diferencias de estructura y funcionamiento entre dichas formas, una construcción que cancelaría la dicotomía hasta ahora dominante en la doctrina en beneficio de

34 § 26, apartado 2, de la Ley sobre prácticas restrictivas de la competencia, en su redacción de 3 de enero de 1966 (BGBl I, p. 37).

35 Compárese Götz HUECK, cit., pp. 77 y ss. y 272 y ss.

36 Compárese RÜFNER, *Formen öffentlicher Verwaltung im Bereich der Wirtschaft*, pp. 405 y ss. (inaplicabilidad de las vinculaciones especiales del Derecho privado administrativo a la actividad jurídico-privada, de carácter concurrencial, del sector público) y pp. 414 y ss. (vinculación especial, solo por vía de excepción, de las sociedades de capital del sector público).

la epistemología propia de un Derecho común, que a la larga también dejaría sentir su influencia en la legislación.

Tarde o temprano se impondrá la necesidad de proceder a un estudio de las uniones del Código civil y de las corporaciones personales de Derecho público, que detecte en ambos tipos, como dato primario, el conjunto de notas comunes a toda clase de asociaciones de personas, desde su estructura de miembros, pasando por la unidad de fin, hasta la autonomía de su ordenamiento y poder estatutario internos y la difícilmente perceptible pero no por ello menos real dependencia de los miembros respecto de la cristalización nada formal ni rituaria de la opinión dominante en la asociación. Semejante asociación podrá ser reconocida como titular de cometidos de un especial interés público y dotada de ciertas prerrogativas en el marco jurídico administrativo y constitucional, auxiliada con fondos públicos, y sometida a especiales vínculos jurídicos y a una cierta inspección administrativa o, por el contrario, eximida totalmente de unos y otra, pero todo ello sin que en modo alguno resulte decisivo al efecto el dato de si la asociación recibe una nomenclatura jurídica privada o pública[37]. Para nada influye, por ejemplo, en el *status* constitucional de los partidos políticos el que estos hayan de someterse, en lo relativo a su forma jurídica, a la normativa de las uniones contenida en el Código Civil; y, al revés, la libertad de su creación y la inexistencia de inspección administrativa alguna que gravite sobre ellos —con la sola excepción de su obligación jurídico-pública de rendir cuentas sobre la fuente de sus ingresos— en nada deberían verse afectadas por el hecho de que hubiesen de calificarse como corporaciones de Derecho público. El problema de saber si los partidos políticos, sindicatos, gremios, organizaciones juveniles, cooperativas agrícolas, colegios de médicos y abogados, deben y pueden ser financiados con fondos públicos, es respuesta que depende, entre otras cosas, de si sus cometidos y fines constitucionales, simplemente legales o libremente determinados, se consideran dignos del fomento y estímulo o, por contra, del obstáculo que la política financiera del Estado pueda suponer; en absoluto decisivo resulta, por el contrario, el dato de si la asociación recibe una nomenclatura jurídico-pública o jurídico-privada o se ve remitida al mundo del Estado o de la Sociedad civil[38]. La incorporación forzosa a una cooperativa agrícola, a un gremio, a una agrupación de racionalización económica o a un colegio de médicos, incorporación que puede venir impuesta por intereses públicos de carácter imperativo, esa incorporación será o no compatible con el artículo 9.° de la Ley Fundamental y exigirá o no, como contrapartida, una más intensa tutela administrativa que proteja a los miembros de que se trate; si la agrupación forzosa resultante recibe después el calificativo de jurí-

---

37 Respecto al desarrollo paralelo de la inspección estatal sobre las agrupaciones jurídico-privadas y de Derecho público, comp. Bullinger, VVDStRL Heft 22, en especial pp. 281 y ss. En general, sobre la relatividad y limitada función de la diferenciación entre personas jurídicas de Derecho público y de Derecho privado, Molitor, *Über öffentliches Recht und Privatrecht*, pp. 36 y ss., en especial pp. 39 y ss.

38 Esto, por cierto, ha sido muy poco tenido en cuenta en la sentencia sobre financiación de los partidos del BVerfG (BVerfGE 20, 56 y ss.). Por ello critica Häberle la sentencia, JuS 1967, pp. 64 y ss., en especial páginas 66 y ss. Comp. también Kewenig, DöV 1964, pp. 289 y ss (pp. 831 y ss.).

dico-privada o de jurídico-pública, resulta, a este efecto, un dato indiferente. Poco convincente sería que una agrupación forzosa se declarase compatible con el artículo 9.° de la Ley Fundamental por el simple y exclusivo criterio de estarle adjudicada la nomenclatura de «corporación de Derecho público», y ello por mucha aceptación que esta idea tenga actualmente en la jurisprudencia y la doctrina[39]. Parecidas consideraciones, suscitadas por la perspectiva de la imperatividad de un derecho común, debieran formularse a propósito, por ejemplo, de la admisibilidad de tribunales disciplinarios y arbitrales *ad intra* de las asociaciones y de la exclusión de los miembros de estas. En la medida en que el ordenamiento vigente vincule a la distinción formal entre corporación de Derecho público y asociación de Derecho privado específicas consecuencias jurídicas, ello deberá tenerse en cuenta, no cabe duda, pero también hay que decir que dichas consecuencias jurídicas debieran entonces ser examinadas a la luz de su justificación objetiva y rectificadas en lo que fuese necesario u oportuno. Ello puede predicarse, sobre todo, de los privilegios fiscales o de otro tipo, que se otorgan a una corporación de Derecho público a causa únicamente de esta condición suya y sin tener en cuenta el problema de si su actividad, comparada con la de ciertas asociaciones de Derecho privado, justifica objetivamente aquellos privilegios en su favor[40].

También por lo que hace a la cuestión de la forma empresarial, resultaría perfectamente conveniente el abandono de la esquemática dicotomía de las formas jurídicas privadas y públicas, así como el de su igualmente esquemática asimilación a las esferas de la economía privada o de la Administración pública, para sustituir esta metodología por una investigación sin prejuicios de la auténtica funcionalidad de cada forma empresarial en concreto. Desde esta perspectiva puede decirse que la sociedad anónima constituye un instrumento que contribuye por sí mismo a la obtención de capitales para fines tanto privados como del Estado, una forma jurídica que se independiza del dato de la titularidad privada o pública de las correspondientes participaciones para constituirse en dominio de fuerzas gerenciales altamente cualificadas, que puede ponerse al servicio de la satisfacción adecuada de específicas necesidades públicas o de la obtención del máximo beneficio, que posibilita, en fin, tanto una discreta estatalización como una privatización total o parcial.

---

39 El *Bundesverfassungsgericht*, por ejemplo, examina la constitucionalidad de la incorporación forzosa de Derecho público no a la luz del artículo 9.°, sino del artículo 2.ª, BVerfGE 10, pp. 89 y ss. (pp. 102 y ss.) *(Erftverbandsurteil)*; aprobatoriamente, por cierto, SCHEUNER, en *Gedächtnisschrift Hans Peters*, p. 819. Comp., sin embargo, HESSE, *Grundzüge des Verfassungsrechts*, pp. 156 y ss., que, bien es cierto, tiene por complemento inadmisible una incorporación forzosa para la constitución de agrupaciones jurídico-privadas y se coloca con ello en un punto de vista demasiado jurídico-formal; Friedrich MÜLLER, *Korporation und Assoziation*, p. 344.

40 De manera no absolutamente correcta, por ejemplo, BVerfG de 4. 10. 1965, JZ 1966, p. 269, con nota de HÖLLERBACH (situación fiscal privilegiada en el impuesto sobre volúmenes de venta de las sociedades eclesiásticas de derecho público respecto a o en comparación con las de derecho privado); comp. al respecto Herman WEBER, *Die Religionsgemeinschaften als Körperschaften des öffentliches Rechts*, pp. 40 y ss., y además pp. 91 y ss., 99 y ss. Ilustrativo sobre la exención del impuesto sobre volumen de ventas de las actividades «jurídico-públicas» de las corporaciones de derecho público y su problemática interpretación, Hans SCHNEIDER, *Rundfunkanstalten und Mehrwertsteuer*, Frankfurt/M., Berlin, 1966.

Sea como sea, siempre pesa sobre la sociedad anónima una especial responsabilidad ante la opinión pública, un especial deber de publicidad, porque el anonimato y la posible dispersión de las participaciones en el capital, el consiguiente predominio de los órganos de dirección y la eventual concentración de poder en su seno, prohíben que se trate a la sociedad por acciones como si fuese un asunto privado del mismo tipo que una pequeña firma individual o una sociedad mercantil colectiva. Por lo demás, también el establecimiento de Derecho público o el patrimonio público especial, tal el *Deutsche Bundesbahn,* pueden constituir un marco jurídico adecuado para ciertas empresas gestionadas según técnicas mercantiles y dotarse de una organización similar a la de las sociedades anónimas, lo cual pone en cuestión la posibilidad de que a la larga siga justificándose una rígida disociación entre las formas jurídicas a que nos estamos refiriendo[41]. En este sentido es ya un paso adelante que el ordenamiento vigente permita a la Administración pública la elección entre la *régie,* la empresa propia, la sociedad de capital y el establecimiento de Derecho público, según la mayor o menor adecuación técnico-jurídica de cada una de dichas formas a la finalidad concreta en cada caso perseguida, con lo que se suprimen las inoportunas limitaciones jurídicas que acaso pudiesen afectar a aquella discrecionalidad organizativa de acuerdo con la idea de que la sociedad anónima, en cuanto forma jurídico-privada, resulta básicamente inapropiada para la Administración pública[42].

La viabilidad efectiva del Derecho común por que abogamos parece aún más clara en el ámbito de los patrimonios inmovilizados y afectados a un fin, es decir, en el campo jurídico de las fundaciones. Puede que sea factible distinguir, por su finalidad, las fundaciones de interés privado o familiares de las fundaciones de interés común o, por su titularidad y administración, las fundaciones privadas de las públicas, pero apenas resulta coherente, dada la evolución histórica y la situación actual, trazar una rígida contraposición entre fundaciones de Derecho público y de Derecho privado. En esta línea se mueve, por ejemplo, la Ley de Fundaciones de Baviera, cuando establece preceptos comunes a todas aquéllas e introduce tan solo las necesarias normas especiales para cada tipo de fundación. Distingue así, primariamente, entre las fundaciones públicas o de interés común y las fundaciones privadas o de interés privado. Pero una misma fundación pública de interés común se conceptúa de Derecho privado, cuando está sostenida por personas privadas o, por el contrario, de Derecho público, cuando forma parte de un «contexto

41 § 28, Ley de ferrocarriles federales: «Los ferrocarriles federales alemanes se gestionarán, bajo la responsabilidad de sus órganos, como una empresa económica, con la finalidad de un óptimo servicio del transporte... y conforme a principios mercantiles.» La función del establecimiento público (en el más amplio sentido), en cuanto forma empresarial de la administración de prestaciones paralela a la empresa de economía privada, ha sido tratada especialmente por Jecht *(Die öffentliche Anstalt,* cit., en especial pp. 49 y ss.). Comp. también Melichar, JBl, 1948, pp. 581 y ss.

42 Una sobria ponderación de los pros y los contras, por ejemplo, en Büfner, cit., pp. 253 y ss. Es digna de notarse la concepción del Ministerio federal de correos acerca de que la sociedad, por acciones, puede resultar posiblemente la óptima forma de organización del correo, evidentemente en relación al suministro de capitales, efectividad y elasticidad *(Frankfurter Allgemeine* de 22. 5. 1967, núm. 116, p. 8).

orgánico» con la Administración pública. Se ha creado así un derecho común de fundaciones, que tiene a la forma organizativa jurídico-pública, no por antítesis sustancial de la forma de Derecho privado, sino, más simplemente, por dato expresivo de una titularidad jurídica especial y por parcial punto de referencia para ciertas diferenciaciones relativamente accesorias y de carácter más bien técnico-jurídico que de fondo, como ocurre, por ejemplo, con las contenidas en los preceptos relativos al acto fundacional[43].

El derecho común de que hablamos facilitaría, por lo demás, la valoración y comprensión jurídicas de la multitud de formas que puede adoptar la cooperación entre ministerios y otras autoridades estatales, corporaciones locales, cámaras profesionales, agrupaciones profesionales y económicas, iglesias, grandes empresas y otras entidades, en orden al cumplimiento de ciertos cometidos económicos o sociales. Los acuerdos entre agrupaciones públicas y privadas de beneficencia, ajustados al artículo 10 de la Ley Federal de asistencia social, entre un ministerio económico y las compañías de aceite mineral sobre paralización de ventas en beneficio de la minería del carbón, entre el *Deutsche Bundesbahn* y el alcalde y la asociación de turismo de una ciudad sobre ampliación de su estación de ferrocarril, todos estos acuerdos están muy lejos de plantear, como cuestión primaria, la temática de su pertenencia al Derecho privado o público o, ya dentro de este, al constitucional o administrativo, por mucho que de ello dependa, en el ordenamiento vigente, la solución al problema de la vía judicial competente. Lo decisivo, más bien, sería la comprobación de si las partes pretenden concluir un contrato jurídicamente vinculante o tan solo un acuerdo fáctico de actuación coordinada, cuya inobservancia desencadenase sanciones exclusivamente extrajurídicas. Se trataría de saber, además y por ejemplo, si el contenido del acuerdo en cuestión, se construya este o no como jurídicamente vinculante, infringe principios jurídicos generales o preceptos legales o constitucionales, al dar lugar quizá a un cártel no permitido o imponer a alguno de los interesados condiciones inadmisibles, o si el acuerdo, por el contrario, contribuye al cumplimiento de ciertos cometidos constitucionales, legales o libremente determinados. En el marco de este examen puede tener cabida, por ejemplo, la consideración de la especial posición y responsabilidad jurídica de un ministro lo mismo que la de la peculiaridad de un municipio o la beneficencia eclesial o la ponderación de la garantía constitucional de libertad de las unidades económicas no estatales.

---

43 Ley de fundaciones de 26. 11. 1954 (Bayer. GVBl p. 301); *vid,* además la Ley de fundaciones de Hessen de 4. 4. 1966 (Hess. GVBl p. 77) y la Ley de fundaciones de Rheinland-Pfalz de 22. 4. 1966 (PhPf. GVBl p. 95). Comp. también BALLERSTED-SALZWEDEL en *Verhandlungen des 44 Deutschen Juristentages* (Hannover, 1962), Bd. I, 5. Teil, Tübingen, 1962, pp. 5 y ss., pp. 14 y ss., pp. 38 y ss.; FORSTHOFF, *Lehrbuch des Verwaltungsrechts,* pp. 472 y ss., que constata que el Derecho de las fundaciones «se ha sustraído ampliamente desde siempre a la delimitación entre Derecho público y privado»; en este sentido también EBERSBACH, *Die Stiftung des öffentlichen Rechts,* Göttingen, 1961, pp. 37 y ss., con ilustrativas pruebas del tratamiento jurídicamente igual de todas las fundaciones.

f) *Responsabilidad*

La perspectiva de principio de este derecho común de las normas de actuación y de las formas de cooperación y organizativas da paso, casi necesariamente, a una igual comprensión del instituto de la responsabilidad jurídica. Hace ya tiempo que la jurisprudencia viene aplicando las normas sobre responsabilidad contractual del Código civil a aquellas relaciones especiales de la Administración pública que, calificadas de Derecho público, se conceptúan como contractuales o de uso de establecimiento[44]. Bajo el manto de la analogía ha tomado cuerpo en este punto un derecho común, que solo queda reconocer como tal. Pero también el comportamiento antijurídico y culpable, ajeno a aquel tipo de relaciones especiales, debiera obligar a la indemnización de daños y perjuicios en principio a cualquier sujeto, con independencia de que se trate de un funcionario, del gestor de una compañía eléctrica o de un tutor, o de que esté en juego una coacción administrativa ilegítima o un acto ilícito privado de legítima defensa. Con el mismo carácter único debieran regularse también las líneas maestras de la responsabilidad del titular jurídico o material de la actuación delictiva, dueño del negocio o administración pública, para lo cual, por cierto, no parece solución ideal ni la causa de exculpación del parágrafo 831 del Código civil ni la rígida, aunque en opinión dominante legalmente excluible[45], responsabilidad del Estado en base al artículo 34 de la Ley Fundamental. Cualquier limitación de responsabilidad o posibilidad de la misma ha de ser examinada a la luz de su justificación objetiva. Por ejemplo, el dogma de la independencia judicial justifica la irresponsabilidad personal del juez pero no, sin más, la del Estado, porque lo único aquí excluido es la vía de regreso. En cambio, resulta disparatado ignorar la responsabilidad del Estado por los daños ocasionados por el servicio de correos, dada la intensidad de los riesgos implicados en su tráfico masivo, y persistir, sin embargo, en la responsabilidad personal del funcionario que actúa en este tráfico[46]. Sería también digno de estudio el problema de si debe admitirse la exención de responsabilidad eventualmente contenida en los clausulados-tipo a que hayan de ajustarse prestaciones de la Administración pública o de la empresa o si, por el contrario, debe obligarse al titular de esas prestaciones a cubrir los riesgos resultantes con un seguro y a incluir su coste en el cálculo de los precios correspondientes.

---

44 En general, BGHZ 21, pp. 214 y ss. (pp. 218 y ss.); Hans J. WOLF. *Verwaltungsrecht I*, § 44; RUFNER, *Formen öffentlicher Verwaltung im Bereich der Wirtschft*, pp. 297 y ss., con abundante documentación; SIMONS, *Leistungsstörungen verwaltungsrechtlicher Schuldverhältnisse*, Berlin, 1967. La relación entre la Administración federal de correos y sus clientes, por ejemplo, es caracterizada por el BGH (decisión de 8. 2. 1965, JZ 1965, p. 284) como «relación como mínimo semejante a las relaciones obligacionales», que debe ser enjuiciada conforme a los §§ 254, 278 BGB.

45 Comp. BGHZ 9, pp. 289 y ss.; pp. 12, 89 y ss.; pp. 13, 241 y ss.; BGHZ de 30. 9. 1963; NJW, 1964, pp. 41 y ss., con nota de JECHT, NJW, 1964, pp. 402 y ss.; Hans SCHNEIDER, NJW, 1962, pp. 710; Hans J. WOLF, *Verwaltungsrecht I*, § 64, I a.

46 En este sentido, sin embargo, casi absolutamente la jurisprudencia; comp. BVerwGE 10, pp. 274 y ss.; BGHZ 12, pp. 89 y ss., en especial 91; 12, pp. 96 y ss. Reservas en contrario en el OVG Lüneburg (decisión de 21. 12. 1957, DVGl 1958, pp. 325 y ss.; SCHACK, DVB1 1958, p. 327; SCHACK, DVB1 1958, p. 327; KATHOLNIGG, DVBl 1960, p. 471 (p. 473).

Por lo que hace a la cuestión de la procedencia de la responsabilidad sin culpa, solo puede tener sentido el criterio objetivo del riesgo especial de cada caso, pero no el de si el riesgo lo produce una actuación jurídico-pública o jurídico-privada de la Administración pública o una persona de Derecho privado. Este indispensable Derecho común de la responsabilidad por riesgo ha tomado ya cuerpo, por ejemplo, en el régimen del tráfico rodado; cuando colisionan entre sí un automóvil policial que efectúa su servicio y una camioneta privada los responsables lo son, sin culpa, conforme al mismo precepto[47]. Del mismo modo queda sujeta una empresa de gas o electricidad a la responsabilidad por riesgo, independientemente de que se trate de una empresa municipal o privada o de que actúe en el marco del Derecho privado o público[48]. Este único régimen jurídico de la responsabilidad por riesgo no excluye, claro está, que para ciertos riesgos especiales, tan solo emergentes con ocasión de la actividad administrativa, puede reconocerse o innovarse una responsabilidad objetiva especial que afecte, por ejemplo, al mal funcionamiento de las señales de tráfico, a los fallos en los ejercicios de tiro del ejército federal o a la incorrección de las recomendaciones de la planificación estatal[49].

Este sistema unitario de responsabilidad jurídica debería ir más lejos, sin embargo, y construirse de forma tal que no ocurriese que, por una confusa acumulación de deberes de indemnización de nomenclatura jurídico-pública y jurídico-privada, no resultase ya calculable —ni, por tanto, asegurable— el riesgo financiero de una actividad, de una empresa o de una propiedad inmueble. Porque, por ejemplo, el propietario de unas instalaciones de producción de sustancias contaminantes del agua, como materias químicas o combustibles, se halla expuesto, en el ordenamiento vigente, a la responsabilidad por riesgo del artículo 22, apartado 2, de la Ley del Presupuesto de Aguas[50], que se refiere al supuesto de caer al río las sustancias sin culpa de su dueño, sin aplicarse, en cambio, a los casos de tempestad u otra fuerza mayor. Según las normas de policía, sin embargo, ese mismo propietario responde también

47 § 7, StVG; FLOEGEL-HARTUNG, *Verkehrsrecht,* 15 edic. München und Berlin, 1966, p. 1496.

48 § 1, a, de la Ley de Reich sobre responsabilidad civil, en su redacción de la Ley de 15. 8. 1943 (RGBl I, p. 489).

49 Respecto a las diversas propuestas de solución, comp., por ejemplo, FORSTHOFF, *Lehrbuch des Verwaltungsrechts,* pp. 290 y ss., pp. 332 y ss., con más detalles (responsabilidad general por riesgo del sector público, compensación jurídico-pública por los beneficios dejados de percibir); JAENICKE, VVDStRL Heft 20 (1963), pp. 135 y ss. (limitada responsabilidad de garantía, interpretación amplia del tipo legal de la *Aufopferung);* LEISNER, VVDStRL. Heft 20, pp. 185 y ss. (responsabilidad sin culpa del Estado, «responsabilidad jurídico-pública por accidentes»); comp. también Hans J. WOLF, *Verwaltungsrecht I,* § 66; responsabilidad del Estado por el comportamiento antijurídico de sus órganos, *Länderberichte und Rechtsvergleichung,* edit. por H. MOSLER, Köln-Berlín, 1967. Respecto de la solución a través de la injerencia equivalente a la expropiación comp. BGGZ 37, pp. 44 y ss. (quema de bosques en los ejercicios de tiro). IPSEN propone la exclusión parcial de los riesgos inherentes a la planificación mediante una pretensión de garantía por los planes; comp. su colaboración, *Rechtsfragen der Wirtschaftsplanung,* en *Planung II,* edit. por J. H. KAISER, Baden-Baden, 1966, pp. 106 y ss., con más detalles.

50 De 27 de julio de 1957 (BGBl I, p. 1110), con modificaciones posteriores.

por fuerza mayor y sufraga los costes de extracción de los materiales del río[51]. Este riesgo jurídico-policial no está cubierto por un seguro contra daños en los ríos, porque se trata de un riesgo «de Derecho público»[52] y resulta además difícilmente calculable. Por lo demás, también el matizado sistema de delimitación y seguro de responsabilidad contenido en la Ley de Energía Atómica[53] quedaría obsoleto por efecto de la ilimitada responsabilidad por riesgo del régimen de policía. Habrá que decidirse, por lo tanto, a considerar las normas sobre responsabilidad de las leyes de presupuesto de aguas y de energía atómica, prescindiendo de su posible asignación al «Derecho privado», como *regulación especial* también respecto de la responsabilidad «jurídico-pública» por riesgo del Derecho de policía, lo que implica, desde luego, olvidarse de la tradicional diferenciación entre Derecho público y privado[54]. La construcción del Derecho común a que nos referimos podría conducir, en fin, a soluciones adecuadas en otros ámbitos del régimen de seguros y responsabilidad.

g) *Derechos subjetivos*

Más problemática podría resultar la reconversión a unidad de los *derechos subjetivos,* de modo que recuperasen el sentido que les atribuía la antigua doctrina de los *derechos de los privados,* con lo que, en lugar de su división en públicos y privados, presidiría su estudio un análisis conceptual todo lo matizado y objetivo que fuese necesario. Y, sin embargo, ya existen esbozos

51 Comp. DREWS-WACKE, *Allgemeines Polizeirecht,* 7.ª edic., Berlín-ln-München-Bonn, 1961, pp. 207 y ss.; el empresario debe o bien eliminar por sí mismo el daño, es decir, aportar una especie de restitución *in natura, o* bien soportar los costes de una ejecución sustitutoria por las autoridades de policía.

52 Conforme al § 1 AHB y § 10 AKB, solo se otorga la protección del seguro cuando el asegurado se ve requerido de daños y perjuicios por un tercero «en virtud de disposiciones legales, de contenido jurídico-privado, sobre responsabilidad civil»; comp. WUSSOW, *Allgemeine Versicherungsbedingungen für Haftpflichtversicherung,* Kommentar, 4.ª edic., Frankfurt, 1964, § 1 AHB, nota 65; PIENITZ, *Allgemeine Bedingungen für die Kraftverkehrsversicherung,* Kommentar, 3.ª edic., Berlín, 1963, § 10 AKB, nota F. I.; además, Franz OTTO, DVBl, 1964, p. 960; del mismo, VersR 1964, p. 1227; del mismo, VersPrax 1964, pp. 37 y ss.; R. HUBER, VersR 1964, p. 911; Abt, DVBl 1965, pp. 24 y SS. (26).

53 De 23. 12. 1959 (BGBl I, p. 814), con modificaciones posteriores, §§ 13-16, 25-39, entre los que el § 38, ap. 2. 2, deja subsistentes, con carácter subsidiario, otras «obligaciones legales de indemnización de daños y perjuicios»; no se piensa con ello en absoluto, por cierto, en la. responsabilidad por riesgo del Derecho de policía.

54 Igual en los resultados, pero a base de una construcción jurídica apenas admisible, a saber, la de una gestión de negocios sin mandato por parte de la autoridad de policía respecto a la responsabilidad del destinatario del poder de policía, conforme a la legislación de aguas en lugar de conforme a las normas de policía, BAUB, JZ 1964, p. 354 (356 y ss.), § 52 de la Ley de Aguas de Baden-Württemberg de 25. 2. 1960 (GBl p. 17), admite, ciertamente, un regreso del obligado al mantenimiento del arroyo sobre las personas destinatarias del poder de policía, pero debería proceder a examinar su compatibilidad con la regulación especial de la responsabilidad contenida en la Ley federal del presupuesto de las aguas e interpretarlo, por consiguiente, restrictivamente (interpretación conforme al Derecho de la Federación). La normativa especial de aguas, por lo demás, afecta únicamente al aspecto financiero de la sujeción al poder de policía, pero no a sus restantes repercusiones, como, por ejemplo, el deber de tolerar las medidas policiales.

importantes de lo que podría llegar a ser esta orientación. Dentro del concepto de la propiedad garantizada por el artículo 14 de la Ley Fundamental, por ejemplo, se incluyen no tan solo los derechos reales sobre muebles o inmuebles o los nacidos de los contratos de compraventa y préstamo, sino también las pretensiones frente a la Seguridad Social y otras posiciones jurídicas del particular frente al Estado; posiciones que, aunque incrustadas en relaciones de Derecho público, se consideran equivalentes a los derechos privados patrimoniales por la inversión de capital o trabajo que suponen o por otra serie de motivos[55]. La Ley Fundamental se interpreta por la generalidad de la doctrina y de la jurisprudencia en el sentido de que las situaciones de ventaja de que goza el individuo en su relación con la comunidad deben considerarse en caso de duda, a diferencia de lo que antes ocurría, no solo como un efecto reflejo del ordenamiento jurídico objetivo, sino como auténticos derechos subjetivos accionables judicialmente[56]. En la misma línea evolutiva se sitúa el dato de que la Administración pública, en opinión de la moderna doctrina, únicamente puede revocar sus actos favorables ajustados a Derecho cuando existen causas especiales que lo justifican[57]. A lo cual habría que añadir que el carácter absoluto de la potestad conformadora del legislador ha dado paso ya a un cometido normativo limitado de diversos modos, que, no obstante su mayor libertad constitutiva, se aproxima parcialmente al de una Administración vinculada al Derecho[58], y por cierto que tanto respecto de su eventual conflicto con los derechos públicos del particular como de su posible colisión con los derechos familiares y patrimoniales del mismo. Esta tendencia podrá considerarse extremada en sus detalles concretos y suscitar aquí y allá una legítima crítica. Pero apenas es ya posible, vistas las cosas globalmente, proceder a una contraposición de posiciones subjetivas «jurídico-privadas», conceptuadas como derechos definitivos, y situaciones subjetivas «jurídico-públicas», entendidas como prerrogativas revocables, ni es ya posible atribuir a unas y otras, de cualquier otro modo, un régimen jurídico *fundamentalmente diverso.*

Todos estos esbozos podrían completarse desde una doble perspectiva. Sería factible, por una parte, que la firmeza de los derechos subjetivos y su sanción jurídica fuesen examinadas, no conforme al criterio de su atribución al Derecho público o privado, sino a la luz de variadas matizaciones y tipologías que tuviesen en cuenta la peculiaridad específica de cada uno de ellos; que

55 DÜRING en *Staat und Bürger, Festschrift für Willibalt Apelt,* München y Berlin, 1958, en especial pp. 25, 44. Igualmente, pero con ciertas reservas, el *Bundesverfassungsgericht;* comp., en especial, BVerfGE 1, 264 (páginas 277 y ss.) (sentencia relativa a los deshollinadores de distrito); 14, 288 (pp. 293 y ss.) (nueva regulación del seguro de renta). Comp. al respecto Werner WEBER, AöR, Bd. 91 (1966), p. 382; NICOLAYSEN, en *Hamburger Festschrift für Friedrich Schack,* Hamburg, 1966, pp. 107 y ss.

56 Al respecto, especialmente, BACHOF, *Die Verwaltungsgerichtliche Klage auf Vornahme einer Amtshandlung,* Tübingen, 1951, pp. 62 y ss.; del mismo, en *Forschungen und Berichte aus dem öffentlichen Recht, Gedächtnisschrift für Walter Jellinek,* München, 1955, pp. 287 y ss., en especial página 303; comp, también BVerwGE 1, 159.

57 Comp. FORSTHOFF, *Lehrbuch des Verwaltungsrechts,* pp. 253 y ss.; Hans J. WOLF, *Verwaltungsrecht I,* 6.ª edic., § 53, II.

58 Al respecto, con precisas matizaciones, LERCHE, *Übermass und Verfassungsrecht,* Köln-Berlin-München-Bonn, 1961, pp. 63 y ss., pp. 86 y ss. y passim.

ponderasen, por ejemplo, su origen ilegal o ajustado a Derecho, la revocabilidad o irrevocabilidad que pueda afectarles por naturaleza o en el caso concreto, su carácter de onerosidad o gratuidad, el sí han sido adquiridos como situación de ventaja libremente disponible o como competencia vinculada a un fin, como valores patrimoniales o como derechos de participación en las funciones administrativas o gubernamentales del Estado. Téngase en cuenta, por lo demás, que las especificidades objetivas de la posición jurídica, por ejemplo, del titular de un cargo público, de una empresa obligada por la ley al desempeño de su actividad mercantil o de abastecimiento, de una asociación con funciones de colaboración con la Administración pública, como lo son, por ejemplo, las organizaciones de controles técnicos, de un profesional nombrado por el Estado o de un propietario forestal, téngase en cuenta, digo, que todo ese conjunto de especificidades posicionales podría observarse y resaltar más fácilmente en el marco de una diferenciación del tipo de la que estamos proponiendo que en el cuadro de la usual división dualista de los derechos subjetivos, división esta que trae consigo diversidades o equiparaciones que por fuerza resultan esquemáticas.

Dando un paso más, se podría abandonar la idea de que la propiedad y otros derechos privados, en cuanto tales, surten sus efectos únicamente frente a las personas privadas, pero no frente al poder público y sus órganos, con lo que tan solo bajo la veste de derechos públicos adicionales, especialmente concedidos por el Estado, adquieren significado y efectos de cara a la Comunidad. El presupuesto de un poder público fundamentalmente ilimitado, presupuesto que es el que subyace a aquella idea, apenas cuadra ya con el orden constitucional de la Ley Fundamental. En este campo podría hacerse honor de nuevo, con todas las modificaciones del caso, a la doctrina de los «derechos de los privados», eficaces frente a cualquier sujeto. De tal manera que también las autoridades administrativas, sin más ni más y con independencia, por ejemplo, de los derechos fundamentales o de la reserva de ley, habrían de respetar todos los derechos y bienes jurídicos, el derecho electoral no de forma distinta que una hipoteca, el «status» de un diputado igual que la vida y la salud de un peatón. La cuestión de hasta qué punto un derecho concreto habría de surtir sus efectos frente a un determinado sujeto privado, frente a una autoridad administrativa o frente al legislador, esa cuestión dependería de hasta qué extremo estuviese o pudiese estar limitado aquel derecho por su propia naturaleza, por un convenio concreto o por específicas normas legales o constitucionales. De aquí resultaría una especial pero limitada debilidad de cualquier derecho frente a la legislación y a la Administración pública que actúa en base a ella. Las vinculaciones impuestas por la Sociedad a los derechos subjetivos, derivadas de la ley o inmanentes a ellos mismos, podrían surtir sus efectos, sin embargo, también frente a las personas de derecho privado.

h) *La protección frente a las perturbaciones en el régimen jurídico de vecindad y policía*

El punto de partida metodológico que se está proponiendo podría simplificar y condensar la problemática real, en torno a la que hubiese de girar, por ejemplo, la protección ofrecida por el régimen jurídico de la vecindad frente a las intromisiones del vecino. De tal modo, que el propietario de una finca tendría la oportunidad de impedir a cualquiera, autoridades administrativas incluidas, toda injerencia en su inmueble que no estuviese obligado a soportar. El problema de si ese propietario hubiese de tolerar los ruidos provenientes de cocheras de autobuses, tranvías o ferrocarriles, el olor de una refinería de petróleo, el traqueteo de los disparos de un campo de tiro, los escapes de gas y el bullicio de una vía pública o el griterío de un parque infantil, de un campo de deportes o de un recinto ferial, ese problema no se solucionaría de modo diverso según que la actividad perturbadora se desenvolviese conforme al Derecho público o privado, según que el municipio, por ejemplo, hubiese decidido gestionar su servicio tranviario en régimen jurídico público o privado. Todo dependería, más bien, de que al propietario se le hubiese impuesto por ley, expresa o implícitamente, el deber de soportar la actividad perturbadora, tal como efectivamente ocurre en el artículo 26 de la Ley de Ordenación industrial y en el artículo 11 de la Ley de Tráfico aéreo, o de que ese deber le viniese impuesto consuetudinariamente; ningún interés público podría aquí justificar por sí mismo una obligación de tolerancia. En cualquier supuesto de imposición positiva del deber jurídico de soportar, debería examinarse si el propietario no podría exigir al menos dispositivos protectores o una indemnización basada en el exceso del deber en cuestión respecto de la común vinculación social de la propiedad. Caso de no darse la obligación de tolerar una actividad considerada de especial interés público, tan solo podría entrar en juego un acuerdo voluntario, una expropiación o la promulgación de una ley que vinculase la propiedad[59]. Principios similares habrían de desarrollarse, de acuerdo en cada caso con las necesidades correspondientes, para otros derechos subjetivos.

De modo semejante, la *protección frente a las perturbaciones en las normas de policía* debiera desembarazarse de las trabas implicadas en la división dual de lo jurídico. La competencia en materia de seguridad y orden público no debiera depender de si la perturbación (véase, por ejemplo, el peligro de hundimiento del trampolín de saltos de una piscina municipal, la ausencia de medidas de seguridad en las prácticas de tiro del Ejército federal o el riesgo que para el tráfico implique el estado de un vehículo del servicio de correos), no debiera depender, digo, de si esa perturbación se califica de jurídico-privada o jurídico-pública, sino tan solo de sí, dado el sentido de la distribución de competencias, pertenece o no al ámbito de responsabilidad de la autoridad de policía. Y así, el peligro ocasionado por los miembros del Ejército federal sería asunto exclusivo de sus autoridades, mientras que el provocado por otras personas correspondería al ámbito competencial de las autoridades de policía. El problema de si estas últimas pueden exigir que ciertos órganos administrativos eliminen por sí mismos la causa de la perturbación se resolvería, como en el régimen de vecindad, de acuerdo con el criterio de la concurrencia

---

59 Qué complicaciones trae consigo un derecho de vecindad, que debe distinguir entre perjuicios jurídico-públicos y jurídico-privados, y persistir en una dualidad de vías judiciales diferentes, lo evidencia la disertación de MARTENS, en *Hamburger Festschrift für Friedrich Schack*, pp. 85 y ss. Comp. también BAUR, JZ 1963, p. 47.

de un deber jurídico de tolerar la perturbación, lo que no sería el caso en ninguno de los supuestos que he mencionado por vía de ejemplo[60].

i) ***Relaciones de servicio***

Respecto de un ámbito completamente distinto, el del *régimen jurídico de las relaciones de servicio,* habría que pensar en construir a la larga un Derecho que pusiese de relieve sus cuestiones jurídicas comunes y sus imprescindibles diferenciaciones objetuales más claramente que lo que pueda hacerlo la normación separada del régimen de funcionarios, del de empleados y trabajadores en la función pública y del ordenamiento laboral[61]. Los derechos especiales de los funcionarios, como la percepción de la totalidad del sueldo en caso de enfermedad y el empleo normalmente vitalicio, evidenciarían así con mayor rotundidad su carácter de compensación por las también especiales obligaciones funcionariales, tales, por ejemplo, la de entrega a la Administración de toda capacidad de trabajo sin el abono de horas extraordinarias y el acrecentado deber de fidelidad, que se expresa, entre otras cosas, en la prohibición de las huelgas. La tendencia a reclamar la desaparición global de los especiales deberes funcionariales[62] quizá disminuyera entonces, puesto que dicha exigencia traería consigo la fenomenal consecuencia —ahora ya muy clara— de que también desapareciesen los correspondientes derechos especiales, para dejar paso todo ello a la vigencia de un Derecho común de las relaciones de servicio. Por lo demás, habría de examinarse cuidadosamente cuáles serían las posiciones de la función pública que requiriesen especiales derechos y deberes funcionariales y cómo habrían de construirse y matizarse estos a la vista de cada cometido y *status* concretos. Así, por ejemplo, sería inoportuna la eventual sujeción a un régimen funcionarial sustancialmente igual tanto del conserje como de los funcionarios superiores de un ministerio.

j) ***Régimen jurídico de la economía***

A medida que la reflexión se desplaza de lo general a lo especial, a los específicos ámbitos objetivos del Derecho, se hace más y más evidente que, en lugar de la división dualista de lo jurídico, existe ya, o puede desarrollarse con todo sentido, un Derecho común dotado de las necesarias diferenciaciones. Ello es predicable, sobre todo, de los *sectores de la Administración pública más próximos al mundo de lo económico.* Según la Ley de transporte de personas, por ejemplo, hay únicamente un transporte oneroso o negocial de personas

---

60 Al respecto y sobre los problemas concretos, Rudolf, *Polizei gegen Hoheisträger,* Tübingen, 1965, en especial pp. 18 y ss.

61 Un paso en esta vía podría ser la construcción de un Derecho público de las relaciones de servicio, que se aplicase por igual a empleados y funcionarios (comp. Wacke, *Grundlagen des öffentlichen Dienstrechts,* Tübingen, 1957), aunque no debería aislarse del Derecho laboral. Stein, por ejemplo, nos muestra paralelismos parciales entre Derecho laboral y Derecho de funcionarios, *Die Grenzen des dienstlichen Weisungsrechts,* Tübingen, 1965, pp. 28 y ss.

62 Por ejemplo, Hoffmann, AöR, Bd. 92 (1966), pp. 141 y ss., 178, 189, es partidario de la desaparición de la prohibición de la huelga de funcionarios.

por medio de tranvías, trolebuses y vehículos-automóviles; en él se encuadra la actividad de una empresa privada de la misma forma que la de las empresas de la Federación, de los Estados o de las corporaciones territoriales, ya sea concebida tal actividad como procura de la existencia o gestionada en vista de la obtención tan solo de un beneficio, ya se transporte a los viajeros conforme al Derecho público o al Derecho privado. El deber de obtener autorización para la empresa y el precio del transporte, la obligación de explotar la empresa y de transportar a los solicitantes, así como la inspección administrativa, se diferencian fundamentalmente según el tipo de transporte y no en atención a la titularidad del mismo o a su forma organizativa[63]. El *Bundesbahn* y el servicio de correos reciben un trato específico por su pertenencia a la Federación, por su magnitud y relieve público, tanto como por su régimen jurídico especial[64], pero no porque se gestionen conforme al Derecho público, lo que, sin más, no es el caso respecto del primero de ambos. En estas circunstancias apenas tiene sentido seguir diferenciando un transporte jurídico-público de viajeros de otro jurídico-privado, puesto que todas las empresas de transporte han visto reducido por igual su espacio de libre actuación y todas están sujetas a las necesarias vinculaciones de carácter público. Parecido Derecho común existe, por ejemplo, respecto de las empresas de suministro de energía, conforme a la Ley de Economía energética, y los institutos de crédito, según la Ley de Régimen crediticio.

También en el régimen jurídico de cárteles se evidencia hasta qué punto el Derecho de la economía cobra todo su sentido en su referencia a la función económica y a su importancia pública y no en base al eventual criterio de la forma jurídica de una actividad. El problema de sí y hasta qué extremo la actividad del sector público se considera «empresa» económica y queda sujeta al orden jurídico de la concurrencia es cuestión que depende de la política jurídica que da lugar a la legislación sobre cárteles y, de existir ya las normas de esta legislación, de la interpretación de dichas normas. Se puede entender que la actividad del sector público, en su completud, está orientada al logro de metas específicamente públicas y no económicas, para eximirla entonces de la legislación sobre cárteles. Pero en lugar de ello, también se puede exceptuar de esta legislación tan solo a aquellas actividades del sector público que, dado su carácter no oneroso, no impliquen una participación en el tráfico económico, o que, a pesar de su onerosidad, se orienten no a la obtención de un beneficio, sino al cumplimiento de cometidos públicos impuestos por ley o libremente seleccionados, actividades estas últimas sujetas a vínculos especiales ya suficientes o que se viesen inoportunamente entorpecidos de quedar sometidas a las limitaciones de la legislación de cárteles. Únicamente estos criterios materiales debieran ser aquí determinantes y no, por el contrario, el de si la actividad en cuestión se califica de jurídico-privada o jurídico-pública, pues esta calificación resulta más o menos arbitraria; por ejemplo, según la concepción alemana, la relación con terceros de una organización prestadora del sector público, incluso cuando su fenomenología se presenta como

63 Comp. §§ 1, 2, 21, 22, 39, 51, 54 de la Ley da transporte de personas de 21. 3. 1961 (BGBl I, p. 241).

64 Así, por ejemplo, conforme a los §§ 13, ap. 5, 55, ap. 3, 62, ap. 2, de la Ley de transporte de personas.

participación en el tráfico económico, puede quedar discrecionalmente sometida al Derecho público, con lo que se podría ver sustraída a la legislación de cárteles, caso de que esta normativa limitase su aplicación a la actividad económica de Derecho privado. Por eso es por lo que el Servicio federal de correos se halla parcialmente exento de la observancia de la legislación sobre cárteles, de acuerdo con el artículo 99 de la Ley sobre prácticas restrictivas de la competencia, no en virtud del carácter jurídico-público de su régimen de utilización, sino porque lo mismo que empresas puramente privadas y el *Bundesbahn,* de explotación jurídico-privada, sus condiciones de prestación están sujetas a especiales vínculos legales. De aquí resulta claramente, al mismo tiempo, que la aplicación de principio de las normas de concurrencia a las empresas del sector público, según el artículo 98 de la Ley sobre prácticas restrictivas de la competencia, se debe exclusivamente al dato de la participación de dichas empresas en el tráfico económico y no a la circunstancia de si esa participación se conceptúa como de Derecho privado por la doctrina jurídica[65]; se discute incluso si la actuación administrativa calificada de jurídico-privada puede considerarse sin más, o tan solo bajo determinadas circunstancias, como actividad económica y sometida, por lo tanto, a la legislación de cárteles[66]. El criterio de la diferenciación entre Derecho público y privado, por consiguiente, apenas juega aquí ya algún papel. Aún menos podría el artículo 90 del Tratado de la Comunidad Económica Europea hacer depender la aplicabilidad de la legislación de cárteles a las empresas del sector público del

---

65 Así, correctamente, Gandenbebger, *Was ist ein Unternehmen?,* Heidelberg, 1963, pp. 24, pp. 43 y ss. La extendida opinión de que la actuación jurídico-pública no es nunca comportamiento económico es difícilmente sostenible; en este sentido, sin embargo, la doctrina dominante, por ejemplo Müller-Henneberg, en *Gemeinschaftskommentar zum GWB,* 2.ª edic., Köln-Berlín-Bonn-München, 1963, Rdnr. 4 al § 98; Schmidt-Huth, BB, 1964, p. 1106 (1108); comp. también Huth, *Die Sonderstellung der öffentlichen Hand in den Europäischen Gemeinschaften,* Hamburg, 1965, pp. 118 y ss.; igualmente, por cierto, BGHZ 36, pp. 91 y ss. (pp. 101 y ss.), relativo a contratos de suministro de medias elásticas a los organismos de la seguridad social. Apenas puede convencer el argumento de que la Ley sobre prácticas restrictivas de la competencia no puede constituir la base, junto con el art. 84 de la Constitución, de una inspección administrativa sobre la actuación de derecho público de la Administración (*vid.* Köhler, DVBl 1961, p. 605 (pp. 606 y ss.), y DVBl 1964, p. 214 (218); Forethoff, *Der Staat als Auftraggeber,* Stuttgart, 1963, p. 28, porque el art. 84 de la Constitución solamente regula, en mi opinión, la inspección federal específicamente referida a la Administración, pero no la inspección estatal referida en general a la economía, como, por ejemplo, la ejercida sobre el crédito, los seguros, el ahorro-vivienda y la energía.

66 Una exención de ella para la totalidad del «Derecho privado administrativo», es decir, el cumplimiento primario y directo de funciones públicas con los medios del Derecho privado y, por cierto, que más allá de las excepciones legales expresamente previstas en los §§ 99, 101 y ss. de la Ley sobre prácticas restrictivas de la competencia, la admite Huth, *Die Sonderstellung der öffentlichen Hand,* pp. 118 y ss. Diferente en los detalles concretos: Forsthoff, cit., pp. 28 y ss.; Müller-Henneberg, cit., Rdnr. 5, 6 al § 98. Me parece que es más correcto considerar como excepciones tasadas a las contenidas en la Ley sobre prácticas restrictivas de la competencia. Contra una liberación del Derecho privado administrativo, también el BGH, cit.

criterio de su modo de actuación jurídico-público o jurídico-privado[67], puesto que la atribución a uno u otro ámbito jurídico varía demasiado según el Estado miembro de que se trate. Es por ello por lo que, prescindiendo totalmente del dato de la forma jurídica e incluso sin limitarse a las empresas públicas, se adopta aquí el criterio de si esta vigencia de las normas sobre concurrencia obstaculizaría práctica o jurídicamente el cumplimiento de sus cometidos a las empresas prestadoras de servicios de interés económico general[68]. El empleo de estas y parecidas categorías objetivas, propias de un auténtico Derecho común, debería sustituir, también en otros ámbitos del marco jurídico de las comunidades europeas, a la diferenciación entre formas jurídico-públicas y jurídico-privadas de empresa y prestación, porque, de no ser así, apenas podría superarse la rígida división dualista de lo jurídico, por lo demás de diferente conformación específica en cada uno de los Estados miembros, ni podría imponerse la vigencia común a todos ellos del conjunto de reglas funcionalmente elaboradas, que resulta necesario para el logro de una auténtica igualdad de oportunidades en el mercado.

k) *Normas de conflicto*

La diferenciación entre Derecho público y privado podría obstaculizar el logro de soluciones adecuadas no tan solo en el Derecho de las comunidades europeas, sino, en general, en el tráfico jurídico internacional.

Por ejemplo, el aproblemático precepto del artículo 7 de la Ley de Introducción al Código Civil, según el cual la capacidad negocial de una persona se determina fundamentalmente según su Ley nacional, implica una remisión también al régimen de la nacionalidad del Estado extranjero, lo que es decir, en la concepción alemana, a normas de Derecho público. Ello ocasiona dificultades de construcción jurídica a todo aquel que sostiene que, no el Derecho público de un Estado extranjero, sino únicamente sus reglas jurídico-privadas, carentes de referencia al dato de lo específicamente nacional, se aplican en territorio propio. Porque el que tal piensa se encuentra con que, frente a aquella problemática, al igual que frente a la planteada en general por las

---

67 HUTH, *Die Sonderstellung der öffentlichen Hand,* pp. 335 y ss., entiende por ello, correctamente, por «empresa» en el sentido del art. 90, ap. 1. también las instituciones económicas del sector público de actuación jurídico-pública, y las incluye por esta vía (indirectamente) en la vigencia de los preceptos sobre cárteles de los arts. 85 y ss.; igualmente IPSEN, NJW 1964, pp. 2336 y ss. (2338). Por el contrario, la generalidad de la doctrina excluye desde un principio la actividad «soberana», en lugar de adoptar el criterio puramente funcional de la participación en el tráfico económico con independencia de la forma jurídica adoptada para ello; comp. EVERLING en *Wohlfahrt-Everling-Glaesner-Sprung, Kommentar zum EWG-Vertrag,* Berlín-Frankfurt/M., 1960, nota 1 del art. 90, sin más fundamentación; DERINGER, *WuW/EWG-Wettbewerbsrecht,* Dusseldorf, 1962, s., nota 27, s., al art. 90, que bien es cierto que si las cosas son como yo las veo, no pretende posiblemente excluir de las normas sobre cárteles a una participación en el tráfico económico que se desarrolle bajo la nomenclatura del Derecho público, sino que cuando habla de la actividad «soberana» piensa únicamente en las leyes, disposiciones administrativas, etc.

68 Art. 90, ap. 2 del acuerdo de la CEE. Respecto a las difíciles cuestiones suscitadas por la interpretación de dicho precepto comp., por ejemplo, BÖRNER, en *Wegerecht und europäisches Wettbewerbsrecht,* Düsseldorf, 1966, pp. 124 y ss.

normas jurídico-públicas necesariamente incidentes en el marco del Derecho internacional privado, debe huir a toda clase de rodeos teóricos, como el de fingir para esas reglas jurídico-públicas, a los efectos del Derecho internacional privado, una naturaleza iusprivatista[69], o el de calificarlas de simples cuestiones previas de Derecho privado[70]. Pero por muchas vueltas que se dé al asunto, el resultado, en cualquier caso, sigue siendo el de que el Derecho extranjero se considera determinante para la decisión de un supuesto jurídico en el territorio nacional, y ello aunque aquel Derecho esté constituido por normas que, en la concepción alemana, pertenecen al Derecho público.

Apenas es ya excepcional la constatación de no ser posible la resolución adecuada y correcta de un supuesto sin la aplicación, por ejemplo, del Derecho administrativo extranjero, así como la de no perjudicar esta aplicación ningún interés nacional de importancia. Un contrato de compraventa entre brasileño y alemán, que infringe una prohibición brasileña de exportación, difícilmente puede tratase, en lo relativo a su validez o a las consecuencias de la negativa a entregar la cosa, como si la prohibición brasileña (jurídico-pública) de exportación no afectase a la compraventa (jurídico-privada) o como si hubiese de aplicarse al caso el Derecho alemán relativo a las exportaciones alemanas del mismo producto. El problema de saber si un tribunal de tutelas o departamento de juventudes alemán puede o debe reconocer la decisión extranjera relativa a la custodia de un menor de edad es un problema cuya coherente solución no debiera depender de si, según la Ley extranjera, es un tutor de nombramiento privado o público, el tribunal de tutelas o un departamento estatal de juventudes el encargado de adoptarla, sino tan solo de si la regulación extranjera en cuestión evidencia la adecuación objetiva más efectiva a las relaciones jurídicas personales del menor de edad porque, por ejemplo, tenga este en el Estado de que se trate su residencia habitual. Cuando un automóvil de matrícula extranjera ocupado por turistas ve inspeccionada en territorio nacional su idoneidad para la circulación, la base de este examen solo muy limitadamente pueden serlo las exigencias legales del caso del Estado nacional; y así no se requerirá el retrovisor externo en un vehículo francés, pues esta exigencia no existe en Francia. Dentro de ciertos límites de razonable tolerancia, por consiguiente, la autoridad de policía debiera aplicar en sus inspecciones el ordenamiento extranjero de circulación de automóviles. Porque, en todo caso, un prudente empleo del principio del *ordre public* podría constituir una barrera suficiente frente a las nomas extranjeras incompatibles con el ordenamiento jurídico o los intereses nacionales, ya se considere a aquellas normas como de Derecho público o privado.

Todo esto coincide, si no en un todo, sí en lo esencial, con la *doctrina de la adaptación especial,* según la cual, en formulación de Konrad ZWEIGERT, resultaría decisiva, no ya la diferenciación entre Derecho internacional privado y público o entre Derecho privado y público, sino la consideración de qué ordenamiento jurídico se halla más próximo a un determinado supuesto de hecho,

69 Asi, NEUMEYER, *Internationales Verwaltungsrecht,* Bd. 4, *Allgemeiner Teil,* Zürich-Leipzig, 1936, pp. 160 y ss.

70 En este sentido, VOGEL, *Der räumliche Anwendungsbereich der Verwaltungsrechtsnorm,* pp. 294 y ss.

al que deba entonces ser aplicado[71]. Esta idea, funcional y carente de doctrinarismo, impone el abandono de la tesis de la impenetrabilidad y vigencia exclusiva del régimen jurídico constitucional y administrativo nacional. Lo cual se corresponde precisamente con la objetivación de amplios sectores de la moderna Administración pública, particularmente de sus servicios de prestación positiva; tipo este de actividad administrativa que, lejos de asumir la impronta del particularismo soberano del Estado nacional, admite perfectamente, al igual que el tráfico económico privado, la aplicación de las reglas jurídicas extranjeras a los supuestos de relevancia internacional. Pero, sobre todo, la doctrina de la adaptación especial exige y posibilita la superación de la infructuosa partición dicotómica de lo jurídico en su variante de normas de conflicto, pues implica la búsqueda sin prejuicios de las reglas de este tipo que resulten más adecuadas a los diversos aspectos de las relaciones vitales y jurídicas más o menos habituales.

B) El futuro de las diferenciaciones entre Derecho público y privado contenidas en el ordenamiento vigente

Un replanteamiento dogmático-jurídico que persiga el logro de un Derecho común matizado y diferenciado *a posteriori,* replanteamiento que es el que se ha propuesto y bosquejado con ayuda de algunos ejemplos, tropieza, ciertamente, con dificultades en determinados puntos del ordenamiento vigente, y ello porque diversos preceptos y normas de este último permanecen anclados todavía en la tradicional contemplación dualista del Derecho. Tales preceptos de Derecho positivo deben ser respetados. Pero ello no obliga a conservar la idea de una partición dual de lo jurídico en general. Más bien se debiera investigar, respecto de cada una de aquellas normas y a la vista de su específico sentido, qué significado revisten en ellas los términos de Derecho público y privado, para, después de ello, y en la medida de lo posible, expresar ese significado con conceptos objetivos y funcionales, sin tomar a los preceptos en cuestión, por lo tanto, como punto de partida para una delimitación general entre lo jurídico-público y lo jurídico-privado. El resultado de la investigación

---

71 ZWEIGERT, en *Fünfzig Jahre Institut für Internationales Recht an der Universität Kiel,* pp. 124 y ss., en especial pp. 127 y ss., pp. 134 y ss. (aquí en discusión con VOGEL), con abundante documentación. Comp. también, sin embargo, las en parte criticas contribuciones a la discusión, pp. 141 y ss., y la posición, en general, positiva e iluminadora, de KAISER, pp. 151 y ss. Muy instructivo en esta cuestión, en conexión con una investigación sobre las posibilidades y límites del método comparativo en Derecho constitucional y administrativo, KAISER, ZaöRV Bd. 24 (1964), pp. 391 y ss., en especial p. 403. En asentimiento a la aceptación por ZWEIGERT de un Derecho bilateral de conflicto también para el Derecho administrativo, KOPP, DVBl 1967, p. 40. Respecto a la teoría de la adaptación especial, comp. también STOLL, RabelsZ Bd. 24 (1959), pp. 634 y ss.; Werner LORENZ, *Vertragsabschluss und Parteiwille im internationalen Obligationenrecht Englands,* Heildelberg, 1957, pp. 154 y ss.; de forma especialmente profunda y matizada, STEINDORFF, *Sachnormen im internationalen Privatrecht,* Frankfurt/M., 1958, pp. 205 y ss., pp. 236 y ss., con una amplia e importante documentación, de la que resulta que conceptos de referencia material, como derecho imperativo de obligaciones, normas prohibitivas y normas políticas, pueden ser de importancia para la adaptación especial, pero apenas la diferenciación entre Derecho público y Derecho privado.

a que nos referimos será en no pocas ocasiones, por lo demás, el hallazgo de una estratificación históricamente explicable de la materia jurídica, que habrá de aceptarse simplemente como tal.

Por ejemplo, la calificación legal de la relación funcionarial como de Derecho público constituye una expresión abreviada que pretende poner de relieve los derechos y obligaciones especiales del funcionario y la Administración pública —derechos y obligaciones especificados o detallados, de todos modos, en las leyes— o que pretende la atribución de la relación funcionarial a la vía judicial administrativa, que también las leyes imponen específicamente, dicho sea de paso[72]. La caracterización legal de la relación funcionarial como jurídico-pública puede facilitar el proceso de aplicación jurídica en la medida en que otros preceptos, como, por ejemplo, el del artículo 33, apartado 4 de la Ley Fundamental, remitan expresamente a relaciones de servicio de Derecho público y vinculen a ello consecuencias jurídicas específicas; por lo demás, aquella caracterización legal puede ser olvidada sin que de ello resulten problemas de ningún tipo. Porque lo decisivo es que quede bien clara la peculiaridad de la relación funcionarial y la vinculación que opera entre especiales derechos y obligaciones; la nomenclatura jurídico-pública más ocultará que iluminará todo ello.

Cuando la Ley de autopistas federales determina que la planificación de las mismas establece constitutivamente las relaciones de derecho público entre el titular de la obra de construcción y el afectado por el plan de que se trate, ello significa sustancialmente que la totalidad de las decisiones administrativas del caso encuentra su síntesis en el procedimiento de elaboración del plan, mientras que las relaciones de propiedad escapan a los efectos de este, aun cuando resulten contrarias a sus previsiones, de tal manera que eventualmente puede ser necesario todavía un adicional procedimiento expropiatorio[73].

La competencia legislativa de la Federación en lo tocante al Derecho civil, establecida por el artículo 74, número 1 de la Ley Fundamental, no se extiende desde un principio a todo aquello que la dogmática jurídica entiende por Derecho privado. Aquel precepto se refiere únicamente al ámbito más estricto del Código Civil, es decir, a ese mismo Código, con su régimen familiar y hereditario y el fundamentalmente abstracto régimen general de personas, bienes y obligaciones de sus primeros tres libros, y quizá también al conjunto de normas dependientes y complementarias de aquél, como el reglamento sobre vicios del ganado[74], y por cierto, que incluidos aquellos preceptos que

---

72 § 126, ap. 1 de la Ley-cuadro para la unificación del Derecho funcionarial. Hasta la entrada en vigor de la Ley federal de funcionarios, el 1. 9. 1953, los tribunales competentes, para conocer de las pretensiones jurídico-patrimoniales derivadas de la relación funcionarial de la Federación eran los tribunales ordinarios. La parecida regla competencial de muchos de los Estados desapareció únicamente con la entrada en vigor de la Ley de unificación del Derecho funcionarial, el 1. 9. 1957. Comp. Plog-Wiedau-Beck, *Kommentar zum Bundesbeamtengesetz,* 2.ª edic., Neuwied, 1965, § 172, Rdnr. 4.

73 Comp. E. A. Marschall, *Bundesfernstrassengesetz,* 2.ª edic., Köln, 1963, nota 5, *b)* y *c)* al § 17.

74 Al respecto, detenidamente y con más documentación, aunque todavía demasiado extensivamente, Mangoldt-Klein, *Kommentar zum Grundgesetz,* Bd. II, 2.ª ed., Berlín-Frankfurt/M., 1964, nota III, 2 al art. 74; comp. también Maunz, en Maunz-Dürig, *Grundgesetz, Kommentar,* 2.ª edic., München y Berlín, 1963, Rdnr. 22 al art. 74.

puedan ser considerados como jurídico-públicos por no importa qué teoría[75]. También debe interpretarse restrictivamente el artículo 55 de la Ley de introducción al Código Civil, a pesar de que, según la literalidad de su texto, constituya una barrera para todas aquellas «leyes jurídico-privadas de los Estados» que no hayan sido expresamente acogidas en el ámbito legislativo reservado a los mismos[76]. La competencia federal respecto del Derecho civil, así entendida, se enfrenta a otras competencias legislativas de la Federación y de los Estados, competencias que lo son respecto de ciertos ámbitos objetivos y que se construyen prescindiendo por completo de la diferenciación entre Derecho público y privado; tales, por ejemplo, las competencias relativas al Derecho de la economía o laboral, ordenamiento de cárteles, legislación del suelo y régimen jurídico de los arrendamientos agrícolas de disfrute de frutos[77]. Mediante la legislación especial relativa a dichas materias, y en el marco de las exigencias que estas plantean, pueden quedar desplazados los preceptos del Código civil, ser modificadas o completadas, por ejemplo, sus reglas sobre el contrato de servicios por una ley de vacaciones, en la medida únicamente en que la *relación objetiva* de cada supuesto concreto con la competencia especial por razón de la materia sea mayor o más intensa que la relación objetiva de aquél con la competencia general relativa al Derecho civil[78]; el si esta legislación especial de la Federación o de los Estados haya de calificarse como jurídico-pública o jurídico-privada, es un tema que carece en absoluto de interés a la hora de determinar el efecto de desplazamiento de aquellas leyes respecto del Código civil[79]. El concepto de competencia relativa al Derecho civil debe ser explicado, por lo tanto, desde sí mismo y desde la perspectiva del contexto general de la Constitución, pero siempre con clara conciencia de que las doctrinas delimitadoras del Derecho público y privado, en lugar de contribuir a la solución del problema que nos ocupa —cosa que apenas hacen— prácticamente lo oscurecen aún más.

---

75 Comp. BVerfGE 11, 192 (199), donde el régimen de documentos judiciales, no obstante su naturaleza jurídico-pública, viene a ser atribuido al Derecho civil en el sentido del art. 74, 1 de la Ley fundamental; además, MANGOLDT-KLEIN, cit., letra *b)*.

76 En esta medida correctamente, contra una extendida doctrina y jurisprudencia iusprivatista, BVerfGE 7, 342 (347 s.) (Leyes de vacaciones de los Estados).

77 Art. 74, cifras 11. 12, 16 y 18 de la Ley fundamental.

78 Respecto a la delimitación de competencias conforme a la correspondiente relación objetiva, comp. mis reflexiones en *Die Mineralölfernleitungen*, Stuttgart, 1962, pp. 65 y ss.

79 En este sentido, por cierto, también MANGOLDT-KLEIN, cit., nota III 3 al art. 74, con un intento muy matizado por ponderar en particular la relación objetiva. Equivocadamente, BVerfGE 7, 342 (347 y ss., y 355 y ss.), donde evidentemente se acepta que una norma laboral «de derecho público» de un Estado pueda imponerse sin más frente al BGB, mientras que un precepto «jurídico-privado» del Derecho laboral solo debería justificarse a la vista del llamado principio codificador del Derecho civil. Respecto de la tendencia del derecho suizo a dotar al Derecho privado federal de un efecto de cierre frente a las normas jurídico-públicas de los Cantones, comp. Hans HUBER, *Berner Kommentar zum ZGB*, Bd. I/1, art. 6, Rdnr. 10 y ss.; esta doctrina podría, a fin de cuentas, coincidir parcialmente con la ponderación, que aquí se propone, conforme a la mayor relación objetiva (al respecto comp. HUBER, cit., Rdnr. 163 y ss., en especial Rdnr. 168 y ss., con el criterio del «carácter indispensable» de la extensión para la finalidad pública perseguida en BGE 85 I 21, un criterio que HUBER, ciertamente, critica).

También son otras consideraciones —consideraciones, concretamente, de protección judicial de los derechos y de economía procesal— las que deben condicionar la interpretación de qué sea aquello que, como Derecho público o Derecho civil, haya de determinar la competencia de los tribunales administrativos o de la vía judicial ordinaria. Las dificultades al respecto pueden presentarse, sobre todo en los litigios con la Administración pública o con el sector público en general. Existen litigios con aquella que han de entenderse sin duda alguna como jurídico-públicos, en el sentido del artículo 40 de la Ley de la Jurisdicción contencioso-administrativa, a causa de la presencia en ellos del poder coactivo del Estado, tal como ocurre, por ejemplo, con los supuestos de acciones interpuestas contra una detención policial. Otros casos jurídicos típicos han sido considerados como de Derecho público con base más o menos convincente, por jurisprudencia y doctrina que los han remitido por lo mismo a la vía contencioso-administrativa, cual es el caso, por ejemplo, de las relaciones jurídicas del servicio federal de correos. Sin embargo, respecto de todos aquellos supuestos o grupos de supuestos, cuya atribución como jurídico-públicos o jurídico-privados a la vía judicial administrativa o civil resulte cuestionable en vista de textos legales cuya interpretación unívoca por doctrina y jurisprudencia no conste todavía de manera suficientemente radical respecto de todos esos supuestos, digo, debiera postularse la admisibilidad de la acción ante ambas jurisdicciones, porque la exclusiva admisibilidad en una u otra resultaría más o menos arbitraria dada la imposibilidad de distinguir claramente el Derecho público del privado en las relaciones jurídicas del sector público[80].

Los tribunales civiles se ocupan, sin más, de asuntos de la Administración pública en virtud de su competencia en los litigios de expropiación y responsabilidad del Estado. Con lo cual los tribunales administrativos apenas pueden reclamar el honor de ser los únicos familiarizados con la problemática jurídica de la Administración pública, tanto más cuanto que ni jurídica ni empíricamente es demostrable que los jueces de un tribunal administrativo posean experiencia de la práctica administrativa. Cierto que las normas de procedimiento de ambas jurisdicciones son diferentes en más de un sentido, pero la diferencia entre, por ejemplo, los principios de impulso procesal de parte e inquisitivo no es tanta, desde un punto de vista jurídico y sobre todo práctico, como para que pueda decirse desde un principio que un litigio jurídico haya de tener un resultado diferente según que se plantee ante la vía judicial, civil o administrativa[81]. En lo que se refiere a la protección judicial del

---

80 En el mismo sentido, más o menos, LERCHE, en: *Staats-Bürger und Staatsgewalt,* Bd. II, Karlsruhe, 1963, pp. 67 y ss.; GAGNÉR, *Deutsche Landesreferate,* pp. 24 y ss.; comp. también BACHOF, AöR Bd. 83 (1958), pp. 228 y ss., que no considera ni necesaria ni posible una delimitación teoréticamente depurada. Si faltase una jurisdicción administrativa, la decisión de todos los casos dudosos habría de recaer en beneficio de la jurisdicción (civil) para satisfacer la garantía de la vía judicial en los litigios de Derecho civil contenida en el artículo 6.° de la Convención europea sobre derechos del hombre; comp., sobre dicho precepto, SCHAFFER, *Österr. JZ* 1965, páginas 505 y ss., cuya solución (criterio de la valoración legal de los intereses) no puede, sin embargo, convencer.

81 Entre otras cosas, los §§ 138, 139 ZPO producen para el proceso civil una cierta aproximación al principio inquisitivo. Comp. también ROSENBERG, *Lehrbuch des deutschen*

ciudadano frente al sector público, la Ley Fundamental considera como básicamente de igual valor a ambas vías judiciales. Ello resulta no solo del mismo rango de las diversas jurisdicciones, que establecen los artículos 92 y siguientes, sino también de que la vía judicial civil constituye, conforme al artículo 19, apartado 4, la jurisdicción de reserva frente a las medidas del poder público[82]. De tal modo que sería ciertamente compatible con la Constitución una comprensión del ordenamiento rituario que postulase, en aras de una mejor protección judicial de los derechos y de una auténtica economía procesal, la posibilidad de un *doble acceso* a los tribunales ordinarios y administrativos de *casos dudosos* como los que suscita, por ejemplo, la Administración prestadora de servicios. Esta duplicidad de la vía judicial puede lograrse, desde luego, mediante el procedimiento, poco sencillo y gravoso para el justiciable, de la remisión, eventualmente firme, de un caso de determinado tipo que se efectúe por la jurisdicción puesta en movimiento por aquél en favor de la tenida por competente, con posibilidad para esta última de remitir a su vez[83]. Lo cual no quita para que el esfuerzo principal hubiese de dirigirse aquí a lograr que en ambas jurisdicciones se aplicasen al caso en cuestión los *mismos principios y normas de derecho material;* ello, téngase presente, podría verse facilitado precisamente por el Derecho común y la metodología que en esta obra se están proponiendo.

Cierto que no pueden negarse las dificultades con que habrá de tropezar ese Derecho común en la doctrina y en la praxis judicial en tanto la distribución de competencias entre las diferentes jurisdicciones siga basándose en la diferenciación entre Derecho público y privado, por muy procesalmente modificada que esta se encuentre, puesto que cada rama judicial conservará la tendencia a construir con criterios propios el ámbito jurídico determinante de su propia competencia, aquí el Derecho privado y allí el Derecho público. De manera que habría que pensar a la larga en unificar la jurisdicción en la medida de lo posible[84] o, en cualquier caso, en convertir la cuestión de la ad-

---

Zivilprozessrechts, 8.ª edic. München y Berlín, 1960, páginas 292 y ss. Respecto de la diferencia solamente relativa entre las reglas de procedimiento, comp. BAUR, JZ 1963, pp. 43 y ss.

82 A esta igualdad de rango no se opone tampoco la apertura de la llamada vía judicial ordinaria a las pretensiones derivadas de la expropiación y la responsabilidad del Estado, conforme a los artículos 14 y 34 de la Ley Fundamental, porque estos no han hecho otra cosa que respetar escrupulosamente una anterior idea de la superioridad de rango de la vía judicial civil.

83 Comp. al respecto la jurisprudencia del BGH y del BVerwG relativa al problema de la «Auftragssperre» (BGHZ 14, 222 y ss.; BVerwGE 5, 325 y ss.); el BGH sostuvo la competencia de la vía contencioso-administrativa y remitió el litigio jurídico a los tribunales administrativos; el BVerwG sostuvo la competencia de la vía ordinaria y remitió a los tribunales civiles. Al respecto comp. también BAUR, JZ 1963, p. 42.

84 En el 42 Congreso de Juristas alemanes, celebrado en Dusseldorf en 1957, se pronunciaron en favor de un Tribunal único con secciones especializadas sobre todo BAUR, *Verhandlungen des 42. Deutschen Juristentages,* Bd. I 2. Teil, Tübingen, 1957, pp. 5 y ss. (pp. 30 y ss.), con más detalles, y Herbert ARNDT, cit., Bd. II, Tübingen, 1959, E 43 y ss. Contra esta solución unitaria, en especial, ULE, cit., Bd. II, E 3 y ss. La segunda sección del 42 Congreso de juristas alemanes prescindió de redactar un acuerdo sobre el problema de una unificación de las diversas ramas de la jurisdicción. El material obtenido en las sesiones del congreso

misibilidad de la vía judicial en un problema de simple competencia y provisión técnicamente adecuada de los cargos judiciales un problema de solución tan simple, por lo demás, como la que recibe la cuestión de la relación entre las salas ordinarias de una audiencia provincial y sus salas de lo mercantil[85].

C) *Reglas especiales y legislación parcial*

Siempre existiría, naturalmente, la posibilidad de conservar las denominaciones de Derecho privado y Derecho público para aquellas normas e institutos especiales que resultasen imprescindibles, siempre en el marco de un Derecho común, para regular una actividad privada como, por ejemplo, el matrimonio o ciertas actividades de los órganos administrativos o constitucionales del Estado, como, pongamos por caso, el uso policial de las armas de fuego o la misma promulgación de las leyes. Pero ello traería consigo el peligro de que la diferenciación en cuestión fuese de nuevo entendida en el sentido de la tradicional dualidad categorial del Derecho, cuya erradicación del pensamiento jurídico constituye ya de por sí una ímproba tarea. Por lo cual es más oportuno evitar en general, y en la medida de lo posible, los conceptos de Derecho público y Derecho privado y sustituirlos por otros más objetivos, incluso allí donde quizá pudiesen tener todavía un cierto sentido.

Esto no excluye que las normas jurídicas generales del régimen económico de los bienes y el tráfico puedan ser acogidas en un Código Civil especial, siempre que quede claro, no obstante la posible inclusión en el mismo del régimen hereditario y de familia que este Código regularía no tan solo las relaciones de la vida privada, sino la totalidad de las relaciones jurídicas de la economía, independientemente del *status* de los sujetos interesados en las mismas, relaciones jurídicas estas que habría que observar a la luz de las estructuras económicas y sociales efectivas y no desde la perspectiva de un modelo individualista y abstracto; a la luz, en fin, de su confesada referencia al régimen jurídico público de la comunidad política y no en una tan solo aparente abstracción respecto de la misma[86]. Un Código Civil así entendido

---

fue remitido para nuevo examen a la diputación permanente de aquel con la invitación de constituir al efecto una comisión especial, cit., Bd. II, E 156.

85 Al respecto, §§ 93 y ss. de la Ley Orgánica de la justicia (GVG), en especial §§ 95, 96-99, 101, 102: la petición de resolución por la sala de lo mercantil, o de remisión a esta o a otra sala solo es admisible antes de la vista oral; la resolución sobre una solicitud de remisión es inimpugnable. Así se evita un largo litigio sobre la competencia, del tipo precisamente del que tiene lugar no raramente entre los tribunales civiles y administrativos.

86 Las tradicionales codificaciones iusprivatistas del tipo del BGB, al igual que la comprensión tradicional del Derecho privado, están lejos de haber recibido una autoconfirmación a través de la circunstancia de que también los Estados socialistas reconozcan un Derecho Civil y hayan creado o preparen especiales códigos civiles. Puesto que tales códigos persiguen en principio la construcción de un derecho patrimonial y de tráfico tanto para las personas privadas como para unidades económicas del sector público de diverso carácter, además de hallarse en abierta conexión con el ordenamiento socialista en su globalidad, lo cual hace que apenas puedan equipararse a un sistema metodológicamente abstracto del Derecho privado del tipo del subyacente al BGB, no obstante la pluralidad de notas comunes a la técnica de ambos, que remiten, en efecto, al persistente influjo de la

podría acoger dentro de sí o dejar despejado el terreno para las necesarias limitaciones y vinculaciones sociales o de otro tipo que se derivasen de la vida en comunidad, con lo que concretaría o daría peculiar cumplimiento a la Constitución[87] al conformar un *parcial ordenamiento de Derecho común,* que ya no estaría gravado con el autoengaño inherente al «ideal, acariciado por generaciones de civilistas, de la especificidad apolítica y ajena al mundo de los valores del Derecho privado»[88].

De otro lado, cualquier código general o ley de procedimiento administrativo debería evitar —siempre que su misma existencia se tenga por coherente no obstante la rica diversidad de ramos y actividades administrativas—, debería evitar, digo, la abstractividad eventualmente afectante a cualquier sistema conceptual y normativo y limitarse a dar acogida, en su calidad de tales, a las reglas normales de un Derecho común de decisiones responsables o intercambios económicos, así como a desarrollar los preceptos especiales que en virtud de la también especial responsabilidad de la Administración pública, hubiesen de modificar a aquel Derecho común[89]. No se trataría de dar a estas reglas especiales la denominación de Derecho público. Una nomenclatura semejante podría conducir precisamente a que nos diésemos por satisfechos con una clasificación conceptual y una superficial designación, en lugar de inducimos a rastrear las peculiaridades propias de la Administración pública en lugar de incitarnos a construir, mediante una tipología lo más adecuada y objetiva posible, las reglas e institutos jurídicos especiales que fuesen necesarios, con necesariedad, eso sí, que habría de revisar continuamente. Tampoco las normas constitucionales se benefician grandemente con la denominación de Derecho público que pueda darse a las específicas instituciones y principios del Derecho constitucional, pues si bien es cierto que debe quedar clara la *singularidad* de este, también lo es que debe hacerse luz sobre su *parcial coincidencia* con ideas jurídicas generales del régimen de los bienes y el tráfico o del Derecho de familia o administrativo, coincidencia contenida, por ejemplo, en las garantías constitucionales del matrimonio, la familia, la propiedad y el secreto de la correspondencia.

---

tradición jurídica europea (comp. WIEACKER, *Privatrechtsgeschichte der Neuzeit,* 304). Comp. al respecto, por ejemplo: LEWAN, JvOstR Bd. 6 (1965), 2 Halbj-heft, pp. 7 y ss.; GRALLA, *Osteuropa-Recht Jg.* 12 (1966), pp. 81 y ss.; ROGGEMANN, ebenda, p. 229 y ss. (256 y ss.); BILINSKY, JbOstR Bd. 7 (1966), 1 Halbjheft, pp. 81 y ss. El contraste debería constituirlo más bien una regulación de las relaciones jurídicas personales y económicas que fuese entendida y configurada como parte integrante del orden constitucional, administrativo, económico y vital del Estado de Derecho en el sentido de la Ley Fundamental.

87 Esta imagen del Derecho civil la propone, sobre todo, RAISER, 46 DJT Bd. II, B 5 y ss.; comp. en especial B 20 y ss., 30; comp. también Hans HUBER, *Die verfassungsrechtliche Bedeutung der Vertragsfreiheit,* en especial pp. 16 y ss.

88 RAISER, *cit.,* B 8, 30.

89 Sobre ello, detenidamente, BULLINGER, en: *Gedächtnisschrift Hans Peters,* pp. 667 y ss., en especial pp. 679 y ss.

2. *Renuncia a la contraposición valorativa entre Derecho público y privado*

Seguir entendiendo al Derecho público y al Derecho privado como íntimamente contrapuestos el uno al otro[90] apenas pueda ya justificarse. Puesto que una equiparación valorativa de la diferencia entre Derecho público y privado con la contraposición de un orden coactivo a un orden de libertad, de un orden del bien común a un orden del interés propio y egoísta o de una esfera estatal a un ámbito individual, una equiparación semejante no se corresponde con la usual división dualista de la dogmática jurídica y puede conducir, por ello a confusiones de importancia; además de que lleva fácilmente a un prejuicio global en favor de una u otra esfera jurídica e impide así la necesaria reconducción de la metodología al logro constructivo de un derecho común diferenciado, que acabe con la división dual misma.

No resulta ya convincente, por una parte, el enfrentamiento de aquello que se atribuye al Derecho privado, como ámbito de libertad y autorresponsabilidad, a aquello otro que se da en denominar Derecho público, en cuanto esfera de la orden y la obediencia, del arbitrio autoritario y la difuminación del individuo[91]. La garantía de la libertad de desenvolvimiento económico y personal frente a los propios conciudadanos y a los órganos de la comunidad política solo es posible en la hora presente si contribuyen a ella la paralela conformación y recíproca complementariedad del régimen jurídico constitucional, administrativo y general de personas, cosas y obligaciones, estudiado

---

90 Así, por ejemplo, Radbruch, *Rechtsphilosophie,* § 16; Molitor, *Über öffentliches Recht und Privatrecht,* pp. 23 y ss.; Köttgen, AcP, Bd. 151 (1950-51), pp. 167 y ss.; del mismo, en: *Festgabe für Smend,* pp. 119 y ss. (144 y ss.); Dahm, *Deutsches Rechts,* pp. 142 y ss. (144 y ss.), a pesar de las particularidades de su examen de la cuestionabilidad de la diferenciación; Giacometti, *Allgemeine Lehren des Rechtsstaatlichen Verwaltungsrechts,* Bd. 1, página 120 (comp. sin embargo también p. 93); Rupp, *Grundfragen der heutigen Verwaltungsrechtslehre,* Tübingen, 1965, p. 234, nota 414.

91 En este sentido, sin embargo, no obstante su notable intento de sustraer a ambas esferas jurídicas de su aislamiento recíproco y de conseguir una nueva comprensión del Derecho privado, Fritz von Hippel, Zum *Aufbau und Sinnwandel unseres Privatrechts,* pp. 12 y ss. y 17 y ss., y 21 y ss., y 51 y ss., y 57 y ss., donde, sin más ni más se incluyen también en el «talante vital» del Derecho privado la autoadministración municipal y otros elementos de libertad del orden estatal (pp. 17, 59), con lo cual, naturalmente, solo resta para el Derecho público el poder de mando de los cargos públicos (comp., por ejemplo, pp. 13, 53). Comp. también Esser, *Einführung in die Grundbegriffe des Rechts und Staates,* pp. 196 y ss. (Derecho privado en el sentido de iniciativa privada y autoadministración privada – Derecho público en el sentido de organización soberana y orden administrativo, como dos polos entre los que existen eslabones intermedios); Rittner, *Die Funktion des Eigentums im modernen Gesellschaftsrecht (Marburger Gespräch über Eigentum —Gesellschaftsrecht— Mitbestimmung),* Marburg, 1967, pp. 7 y ss.; Hans Huber, *Die verfassungsrechtliche Bedeutung der Vertragsfreiheit,* por ejemplo, pp. 1 y ss., donde, ciertamente, se considera al Derecho privado como conectado con el Derecho constitucional y, por consiguiente, con el Derecho público. Matizadamente, Gustav Boehmer, *Einführung in das Bürgerliche Recht,* pp. 361 y ss.; aún más reflexivamente en: *Grundlagen der bürgerlichen Rechtsordnung,* Erstes Buch, pp. 12 y siguientes, p. 152, pp. 164 y ss. Acertadamente Zacher, en *Festschrift für Böhm,* Karlsruhe, 1965, pp. 108 y ss., con más documentación, sin extraer, sin embargo, todas las consecuencias.

hoy en día este último en el Derecho privado[92]. Pues, por ejemplo, la libertad contractual y la propiedad del Código Civil constituyen una simple posibilidad técnico-jurídica sin auténtico valor de libertad, mientras la libertad de desenvolvimiento personal latente en ellas no recibe existencia y garantía efectivas gracias a los derechos fundamentales y la reserva de ley, los límites a las intervenciones de la autoridad implicados en la estructura política federal y en la autoadministración, las limitaciones de la discrecionalidad y demás barreras jurídicas de la Administración pública, los marcos de actuación o espacios de juego contenidos en las leyes económicas y, finalmente, una total protección judicial de los derechos; mientras, en una palabra, la libertad de desenvolvimiento personal no se constituye en contenido de la globalidad del ordenamiento jurídico y constitucional. No se haría justicia a este orden de libertad, por tantos conceptos complejo, si se pretendiese asimilar la libertad misma al Derecho privado para otorgar al Derecho público la función de su garantía simplemente adicional o externa. Pero es que tampoco las vinculaciones impuestas por la protección frente a los abusos de la libertad contractual y de la propiedad o derivadas de la idea misma de coexistencia en una gran comunidad, límites como, por ejemplo, la prohibición de cárteles o de las discriminaciones contrarias a la moral o a la libre competencia a que pueda proceder una empresa dominadora del mercado, o las limitaciones de la propiedad en beneficio del vecindario o del suministro público de agua, tampoco esos límites o vinculaciones pueden entenderse coherentemente como expresión de un Derecho público que desde fuera interviniese, como orden coactivo, en el orden de pura libertad del Derecho privado, sino que deben considerarse como contenido tanto del Derecho privado de cosas y obligaciones como del Derecho administrativo e incluso constitucional. El problema de sí una prohibición de discriminación se deriva del artículo 138 del Código Civil o está especialmente establecida por la legislación de cárteles, o el de si un límite de la propiedad en beneficio del vecindario, ajustado al artículo 14, apartados 1 y 2 de la Ley Fundamental, está establecido por el propio Código Civil, en su artículo 906, por ejemplo, o por leyes urbanísticas especiales, ambas cosas apenas si son algo más que cuestiones técnico-jurídicas.

Semejante comprensión del ordenamiento constitucional y jurídico en general como totalidad que se descompone en sus elementos de conformación, garantía y limitación de la libertad, una comprensión que prescinde de dividir aquel ordenamiento en un ámbito jurídico-privado y una esfera jurídico-pública evaluables aisladamente, tal era la relevante finalidad tan tenazmente perseguida por FRANZ BÖHM. Ya en uno de sus primeros escritos indicaba que la «acostumbrada persistencia del pensamiento jurídico en la tradicional separación entre Derecho público y privado» había impedido el conocimiento del orden económico[93]. Por ello, lo que FRANZ BÖHM caracterizaba como orden social exento de dominación o como ordenamiento de una *sociedad de Derecho privado,* no era, en mi opinión, el Derecho privado en sentido técnico-jurídico, sino la totalidad de un ordenamiento jurídico referido a una concurrencia li-

92 Al respecto, HESSE, en: *Festgabe für Smend,* Tübingen, 1962, en especial pp. 86 y ss.; RAISER, 46. DJT Bd. II, B 5 y ss., entre otras B 15 y ss., B 20 y ss., B. 30.

93 *Wettbewerb und Monopolkampf,* Berlín, 1933, p. 188; comp. también páginas 116-124.

bre y controlada y comprensivo, por consiguiente, de la libertad de industria, de la legislación de cárteles y otros preceptos jurídicos constitucionales y administrativos, por ejemplo[94]. Aquella denominación, por lo mismo, es equívoca y puede inducir a interpretar determinados términos de la escuela jurídica liberal como si fuesen expresivos de una idea del Derecho privado, en sentido técnico-jurídico, como ordenamiento de la libertad convenientemente vinculada y del Derecho público como orden de la autoridad y la coacción[95], siendo así que precisamente aquella escuela jurídica encuentra su auténtico norte en la superación de la tradicional división dualista del derecho y en el logro de una comprensión del mismo que trascienda esa división[96].

Por otra parte, el Derecho público no puede seguir contrapuesto, en su comprensión usual como ordenamiento del bien común, a un Derecho privado entendido como orden jurídico de la egoísta utilidad privada[97]. Esta variante de la consideración de ambas esferas jurídicas como informadas por valores contradictorios pierde pie, como mínimo, en aquellos ámbitos del Derecho que vinculan inseparablemente los intereses general e individual y que, sin embargo, se encuadran por la dogmática jurídica bien en el Derecho público o bien en el Derecho privado, ámbitos como, por ejemplo, el de los derechos fundamentales o el del régimen jurídico familiar, cooperativo, industrial o minero. Pero es que, ya hablando en general, puede decirse incluso que el bienestar de una comunidad política no depende de la forma jurídica externa de un especial Derecho público, sino de cómo estén configurados los *contenidos* de las diversas relaciones jurídicas y del Derecho en sí mismo. Si, por ejemplo, una concreta idea del Estado y un concreto ordenamiento jurídico consideran como óptima realización del bien común el que sean empresas privadas las que, en libre concurrencia, provean a la producción y al intercambio, no cabe duda de que será el régimen jurídico de dicha concurrencia, con sus reglas relativas al tráfico y sus necesarias garantías y limitaciones, el que constituya el ordenamiento público del bien común, con lo cual cualquier actividad económica del sector público deberá encontrar una especial justificación, independientemente de que se desarrolle a través de las formas ofrecidas por el Derecho privado o el Derecho público. Si se considera, por el contrario, que la mejor consecución del bien común se encuentra en la intervención o el control del Estado, entonces lo único decisivo será la efectividad práctica de su ascendiente, que acaso quedase mejor garantizada con la inspección pública de la actividad económica privada o el empleo de empresas de economía mixta

94 Esto está especialmente claro en su disertación sobre sociedad de Derecho privado y economía de mercado, Ordo Bd. 17 (1966), pp. 75 y ss.; comp. además el escrito ya citado de este autor.

95 Comp., por ejemplo, Hallstein, SJZ 1946, pp. 1 y ss. (pp. 2, 4 y ss. y página 7).

96 Digno de notarse, por ejemplo, Mestmäcker, DÖV, 1964, pp. 606 y ss. (608 y ss.). Comp. también Zacher, cit. Aquí no puede ser examinado el problema de si la expresión «Constitución económica» resulta iluminadora o si desvía la atención a cuestiones accesorias del asunto.

97 Así, por ejemplo, Köttgen, AcP, Bd. 151, pp. 167 y ss.; Herbert Krüger, *Allgemeine Staatslehre*, pp. 319 y ss., que solo considera garantizado el bien común en la forma representativa de actuación del Derecho público y no, sin embargo, en el Derecho privado, que da la posibilidad de un actuar en provecho propio.

o de sociedades anónimas de la exclusiva propiedad del sector público que a través del expediente de fundación de establecimientos de Derecho público. Si la libertad de opinión, y especialmente la libertad en la radiodifusión de las ideas se entiende de modo tal que se estime indispensable la presencia de instituciones independientes, que constituyan un foro de libre conformación de la opinión pública y el pilar fundamental del orden constitucional democrático, será absolutamente indiferente al logro de esa concreción del bien común el dato de si la editorial de un periódico o ciertas instituciones de radiodifusión se configuran como sociedades anónimas o establecimientos de Derecho público, siempre, naturalmente, que se adopten las necesarias prevenciones jurídicas y financieras frente a un posible control exclusivo de aquéllas por parte de la Administración pública o de algunas entidades privadas[98].

Resulta, por lo tanto, que, incluso bajo el predominio de la dogmática dicotomía jurídica, Derecho público y privado tan solo pueden identificarse con los diferentes valores contrapuestos, de que estamos hablando, al precio de contentarse con la localización y generalización de concretos aspectos parciales, sin proceder en ningún caso a un análisis coherente y funcional de una mínima precisión jurídica. Por ello es por lo que aquellas valoraciones de contradicción no pueden legitimar objetivamente la dogmática división dualista, sino tan solo evidenciarla como algo digno de preservarse desde el punto de vista político-jurídico, con lo cual no hacen sino obstaculizar el logro, que aquí se propone, de un Derecho común diferenciado. Lo que ya resulta imprescindible es, sin embargo, una especie de desideologización, una desideologización que abra el camino que lleva desde la forma al contenido jurídico, desde el sistema conceptual a la funcionalidad del Derecho y desde la división dualista de lo jurídico a un Derecho común variadamente estratificado y trascendente, en cualquier caso, a aquélla.

3. *DERECHO PÚBLICO Y DERECHO PRIVADO COMO ÁMBITOS PEDAGÓGICOS Y DOCTRINALES*

No es que sea absolutamente necesario abandonar las categorías de Derecho público y privado en tanto que expresivas de determinados ámbitos pedagógicos y doctrinales, tal como se pensaron, en realidad, a partir del siglo XVII y se conservan incluso, hasta con cierto relieve, en el círculo jurídico anglo-americano, con la nomenclatura de *public law* y *private law*. Posiblemente siga teniendo todo su sentido el estudio básico, en un cierto sector de la ciencia jurídica, de las relaciones individuales del Derecho de familia y sucesiones y de las formas típicas del régimen jurídico de bienes y obligaciones para, al contrario, investigar principalmente, en la otra rama del saber jurídico, la Constitución y Administración de la comunidad política. Pero, diferentes en su punto de partida, coinciden ambas disciplinas tan pronto como se trata de describir la auténtica posición jurídica del ciudadano del Estado o los ordenamientos especiales de la existencia económica y social, lo que es tanto como decir que aquella coincidencia se producirá, por ejemplo, en el estudio

98 Así, con detallados fundamentos para las instituciones de radiodifusión, en la *Fernsehurteil*, BVerfGE 12, 261 y ss.

del Derecho procesal, laboral, económico, tributario y, no en último lugar, en el del régimen jurídico de la Comunidad Económica Europea. Estas materias jurídicas especiales debieran reconocerse abiertamente como asignaturas pedagógicas y doctrinales de imposible encuadramiento en ninguna de las dos disciplinas básicas del conocimiento jurídico, disciplinas a las que, muy al contrario, dotarían aquéllas de un sentido de parcial unidad. Aunque, por lo demás, sería de absoluto provecho evitar en lo posible las expresiones «Derecho público» y «Derecho privado», incluso en este su sentido de tradicional diferenciación de ámbitos doctrinales y pedagógicos de carácter general, para utilizar de preferencia, en lugar suyo, denominaciones académicas como las de Derecho constitucional y administrativo, Derecho de cosas y de familia, Derecho mercantil y económico. Porque, al revés que, por ejemplo, en Inglaterra, existe aquí el peligro de que al hablarse de Derecho público y Derecho privado se piense no en su posible función de articulación pedagógico-doctrinal, sino en una dualidad dogmático-jurídica o en una contraposición valorativa, en dos enraizadas imágenes, en fin, que están sustancialmente superadas y habría ya que abandonar.

Sea de ello lo que fuere, en cualquier caso sí se debería aspirar a la cancelación, más intensa de lo que hasta ahora, del paralelismo doctrinal y pedagógico de ambas disciplinas básicas y tradicionales, una cancelación que haga cristalizar paulatinamente la metodología de un Derecho común de más utilidad al conocimiento jurídico que no importa qué nuevos intentos por delimitar entre sí Derecho público y privado.

Derecho Público y Derecho Privado
de Martin Bullinger
se imprimió en la República Argentina en julio de 2019.

www.ingramcontent.com/pod-product-compliance
Lightning Source LLC
LaVergne TN
LVHW082240051026
849532LV00012B/4056
* 9 7 8 9 5 6 3 9 2 5 4 9 4 *